マルクス主義入門

第二巻

史的唯物論入門

黒田寛一

KK書房

『マルクス主義入門』全五巻発刊にあたって

反スターリン主義運動の創始者であり〈変革の哲学〉の探求に生涯を捧げた哲学者である黒田寛一は、生前、多くの労働者・学生にたいしてマルクス主義の入門講演をおこなった。その貴重な記録を集成した『マルクス主義入門』全五巻をここに発刊する。

「人間は何であり、また何であるべきか」という若きマルクスの問いかけを同時におのれのものとして、マルクスの人間解放の思想を現代的に実現することを終生追求した黒田。彼は、既成の「マルクス主義」がニセのマルクス主義でありスターリン主義でしかないことを赤裸々にしながら、現代における人間疎外を真実に超克することをめざして学問的格闘と革命的実践に身を投じてきた。力強く情熱あふれる黒田の講演・講述は、半世紀の時を隔てた今日において、ますます重要で価値あるものとなっている。それは、戦乱と排外主義的ナショナリズム・貧困と格差の拡大におおわれた暗黒の時代というべき今を生きるすべての人々をかぎりなく鼓舞してやまない。黒田は、考える力と変革的実践への意志を育むべきことを熱く訴え、教えている。

本シリーズは、一九六二年秋に五回にわたって連続的に開催された「マルクス主義入門講座」を中軸にして編成している。

「戦後最大の政治闘争」と称され空前のもりあがりをしめしつつも敗北した六〇年安保闘争をつうじて、既成左翼の指導性の喪失が、とりわけ「日本共産党＝前衛」神話の崩壊があらわとなった。このもとで黒田は、マルクス主義を学ぼうとする学生・労働者に「われわれの運動が新しいとは、どういう意味なのか」と問いかけ、「一九五六年のハンガリー革命を主体的にうけとめることによって勃興した日本における反スターリン主義運動がなければ六〇年の闘いはなかった」と訴えた。「社会主義」ハンガリーにおいて労働者が武装蜂起し、ソ連邦の軍隊が血の弾圧を加えた、この画歴史的事件に、黒田は全世界でただひとり、共産主義者としての生死をかけて対決し反スターリン主義運動を創始したのであった。この闘いこそが「現代革命思想の転回点」を画したのである。このような反スターリン主義運動とその理論の創造過程を追体験的に反省し主体化することをうながすこと、これが「入門講座」をおこなった黒田の問題意識である。この意味で、本シリーズは「革命的マルクス主義の入門」書といえる。

第一巻「哲学入門」において黒田は、マルクスの哲学ならぬ哲学、変革の哲学としてのその性格を明らかにするとともに、直面する現在的の諸問題と対決し自分自身がどのように生きるのかを学生・労働者に問いかけながら「いかにマルクス主義を学ぶのか」「ものの見方・考え方はいかにあるべきか」を追求している。第二巻「史的唯物論入門」、第三巻「経済学入門」、第四巻「革命論入門」、第五巻「反労働者的イデオロギー批判」。――これらをつうじて、黒田は、哲学、経済学、国家＝革命論、社会主義社会論などのすべての理論領域においてスターリン主義者がいかにマルクス主義を歪曲し破壊したのかを、またマルクスのマルクス主義をどのように現代的に展開してゆくべきなのかを鮮明にしている。そのための立脚点を、彼は〈革命的マルクス主義の立場〉と規定している。平易で豊かな表現と独特の語り口調をもまじえた講演・講述には、黒田の「主体性の哲学」がつらぬかれているのである。

労働者階級の真実の解放のためにたたかいつづけた革命家にして哲学者・哲学者にして革命家である黒田寛一の講演・講述は、二十一世紀現代に生き苦闘するすべての労働者・人民にとって、思想的な羅針盤となりバネとなるにちがいない。

二〇一八年五月

黒田寛一著作編集委員会

編集委員会註記

一　「史的唯物論入門」は、一九六三年五月二十六日に新宿区大久保の労政会館で開催された第二回全都マルクス主義研究会での講演である。本シリーズ第一巻に収録した「マルクス主義をいかに学ぶべきか」につづく講演として、黒田は新入生を含む学生にたいして「唯物史観とは何か、われわれはなぜそれを学ぶのか」を切り口に講義している。（なお、六二年秋の第二回入門講座「史的唯物論入門」は、『革マル派　五十年の軌跡』第四巻に収録されている。）

一　「『ドイツ・イデオロギー』入門」は、一九六二年秋の五回連続の入門講座とは別に、同年十一月二十五日に労働者が中心になって開催された学習会の講演記録である。会場からの質問にも答えつつ、『ドイツ・イデオロギー』の本文に即して、マルクスの唯物史観の形成過程と労働論・実践論が丁寧に説かれている。

一　「現代における疎外とは何か」は、マルクス主義青年労働者同盟主催の集会（一九六二年二月二日）での講演である。「労働運動が名ばかりの運動になっている腐敗・堕落をいかに突破していくのか」、「自分の労働力を商品として売らなければならない賃労働者の疎外とは何か」が、簡潔に力強く語られている。労働者大衆集会での黒田の初めての講演である。

一　講演の文章化にあたっては、黒田の用字・用語法に従った。明らかな言い間違いは訂正した。

一　見出しは編集委員会がつけた。

一　編集委員会による補足は［　］で記し、註は＊で記した。

史的唯物論入門／目次

装丁　多田　進

史的唯物論入門

今年の春の第二回目の入門講座として、きょうは史的唯物論というものは一体何なのか、ということをめぐって話していきたいと思う。この史的唯物論あるいは唯物史観といわれているものは一体何なのか、そして、われわれはなぜそれを学ばなければならないのか、こういうところから、まあ、やっていきたいと思う。

この前も話したように、現代におけるマルクス主義というものがマルクス・エンゲルスの時代のマルクス主義とはまったく違ってしまっている。マルクス主義という名のもとにさまざまな傾向があるわけだ。そこで、われわれがこのマルクス主義を現在的にどういうふうにとらえ、どう発展させていくのか、そういう現実的な問題ときわめて密着しているということを、この前話したわけだ。* このような問題については一応ここでは深くやらないで、とにかくさしあたりまず、史的唯物論とかあるいは唯物史観といわれているものの骨組み、そういうものについて直接入っていきたいと思う。

＊　一九六三年春の第一回全都マルクス主義研究会の講演「マルクス主義をいかに学ぶべきか」。本シリーズ第一巻に収録。

こういう、われわれのマルクス主義は、代々木〔共産党〕などの、あるいはいわゆる構造的改革派の諸君の史的唯物論とどういう点において違うか、あるいはまた今日のブクロ〔＝中核派」どもの史的唯物論とわれわれとがいかに違うのか、そういう問題については最後の段階で詳しくやっていきたいと思う。そういう現在的な対立点、論争点、そういうものにかかわっていくためには是非とも必要な前提的なイロハ的な問題、これに焦点を絞ってやっていきたい。

I 唯物史観をいかに学ぶか

史的唯物論あるいは唯物史観といわれているものは、一体どういうものなのか。簡単にいうならば、人間社会史を、そしてその社会の発展を、人間の社会を、そしてその歴史、発展をどういうふうにとらえるのか。唯物論の立場から歴史をとらえるといったらどういうことなのか。歴史をとらえるということは、いうまでもなく、われわれがわれわれの歴史をつくっていくために不可欠なものとしてそういうことがおこなわれるのであって、たんに一つの趣味とかいうところから歴史への反省がおこなわれるわけではない。現在の社会でわれわれが直面している諸問題、それを解決するために俺たちの過去、歴史はどうであったのか、というようなかたちで過去の歴史がわれわれにとっての問題になるわけだ。われわれの外に歴史があるわけでなく、われわれがわれわれの未来をつくりだす、そういう立場からわれわれの過去の歴史への反省、そしてそのつかみ方、見方というものをさらに反省しなけりゃならない。

だから、歴史学というものと唯物史観とは違うわけだな。歴史学というのは、歴史が、人間社会史がどのように発展してきたかということを分析するわけなんだが、これにたいして史的唯物論ないしは唯物史観という場合には、そういう人間社会史の全体につらぬかれている法則、これは何なのか、と。社会が何によってつくられどのようにして発展するのかという、そういう社会とその発展の法則、これを解明するのが史的唯物論であるわけだ。

なぜ唯物論というふうにいうかというならば、歴史の発展を個人の意識の発展史として、あるいは全世界を包みこむ絶対的な精神の自己展開の歴史として、これはヘーゲルの場合だが、そういうふうにとらえるんでなく、歴史が人間の労働によって、生産によってつくられ、それから階級闘争などというような（まだ、これはこれから説明することだが）、そういうものをバネとしてつくられてきた。社会はたんに観念的なものでなく、それ自体が物質的な構造をなしている。こういう物質的な構造をなしているということそれ自体も後で説明するけれども、そういう物質的な構造をなしているがゆえに、それもまた唯物論的につかまなければならないということからして、史的唯物論というものがマルクス・エンゲルスによってつくられたわけだ。

そのへんのところをもうちっと言うならば、マルクス・エンゲルスの史的唯物論の確立によって初めて、社会にかんする科学が社会科学として成立したわけだ。それ以前の社会の見方、歴史の見方というのは、科学とはならなかった。頭のなかで考えて、歴史はこういうふうに動くんだ、と。だから、歴史の原因を神様に求めたり、あるいは神様のハイカラな形としての精神とか理念とか、そういうものを動力として発展してきたんだ、というような説明がなされていたわけだな。あるいは英雄によってつくられるとか、あるいは個人の決断を媒介として、ではなく決断を軸にしてできてくる、というような個人的な史観とか、理念を中心とした歴史哲学とか、そういうかたちでつかまえられてきたわけだ。そういう場合には、歴史および社会にかんする学問が科学として成立しなかった。

科学というのは、一般的にいうならば、われわれの意識およびわれわれ自身から独立に存在している客観的な法則性、この言葉は難しいけど、とにかくわれわれの意識の外にあるものを分析する。こういうのが基本的に科学の立場であるけれども、社会科学の場合には、ほかならぬそういう社会を分析しようとしているわれわれ自身が社会の一員だということ、分析するものそれ自体が社会の一員だということ、ここからして科学として社会科学が成立するのが後れてくるわけだ。認識するものそれ自体が認識されなければならない。こういうところに社会科学の科学としての独自性があると同時に、それが科学として成立するためには、自然科学の後を追っかけて、ようやくマルクス・エンゲルスの段階にいたって初めて自然科学と双璧をなすべき社会科学というものができてきたわけだな。この社会科学が社会科学として成立するためには、それを導く方法論的な基準がなければならない。それが、マルクス・エンゲルスによってつくられた唯物史観であったわけだな。

普通よく史的唯物論とか唯物史観とかいろいろ使われるけども、ここでちょっと説明しておくと、唯物史観というのは歴史の見方という具合に使われるわけだ。要するに、歴史とはどのように発展してきたのか、俺たちは歴史をどういうふうに見るべきかという――この「見る」ということにかんする学問のことを認識論というんだが――、どういうふうに社会を見るべきなのかという、この見るという点にアクセントをおいた場合に唯物史観という。これにたいして、こういうふうに見るんだという結論的なこと、いわば結論的なことだな、社会とはこういう仕組みをなして、こうこうこうなって、こういうふうに発展していく、と。そのように、見方ではなく、一応こういうふうに見るんだという世界観的に体系化したやつが史的唯物論と呼ばれる、というふうに一応理解してほしいと思う。

この史的唯物論がマルクス・エンゲルスの思想、いわゆるマルクス主義といわれているものの軸をなしているわけだ。実際、マルクス・エンゲルスの思想というものの出発点は、この史的唯物論の確立、とくに一八四五、六年に書かれたかの『ドイツ・イデオロギー』という本において［である］。従来の歴史哲学としての典型であるヘーゲルの歴史哲学――これは、要するに絶対的理念の自己展開の歴史として世界史を位置づけた、そういうヘーゲルの歴史哲学――、およびそれの物真似的なドイツの小ブルジョア的急進主義者、聖《セント》マックス＝シュティルナーとか、そういうようないろいろな人たちのヘーゲル歴史哲学の改作的叙述にたいする批判を通して、唯物論的な角度から社会史をどうつかむのかということの一般的な公式を叙述したのが『ドイツ・イデオロギー』であって、この『ドイツ・イデオロギー』を書くことによって、要するにマルクス主義と今日いわれるところの新しい世界観が確立されたわけだ。だから、大月書店で出ている『マルクス＝エンゲルス選集』の第一巻［一九五〇年刊］には、この『ドイツ・イデオロギー』とともにその二年あとに書かれた『哲学の貧困』が、「新しい世界観の確立」という腰巻きをつけて出てるわけだな。

しかし、われわれは、こういう史的唯物論が、たしかに『ドイツ・イデオロギー』において確立されたにしても、それは一朝一夕にしてできてきたわけではない、と。それ以前の、つまり四〇年あたりから四五年あたりのわずか五年間ばかりであるけれども、若きマルクス・エンゲルスが旧来の種々の思想的傾向、とくにヘーゲルの『法の哲学』、それからイギリス古典経済学、そしてフランス空想的社会主義、そういうような、それまでのヨーロッパにおける知的な成果の全遺産を批判的に受け継ぐことによって初めて『ドイツ・イデオロギー』というものはうみだされてくるわけだ。

だから、これがうみだされたプロセス、どのようにしてうみだされてきたのか、その過程をぬかしたならば、『ドイツ・イデオロギー』の理解というのは、あるいはマルクス・エンゲルスの史的唯物論の理解というのはまったく一面化されてしまう。一面化されるということはどういうことかというと、マルクス・エンゲルスと同じような概念・カテゴリー――カテゴリーというのは基本的な概念というふうに理解していいと思うけれども、社会をつかむ場合に方法となるところの基本的な概念、生産力とか労働手段とかというような基本的な概念だな――、そういう基本的な概念・カテゴリーがどのようにして磨きあげられてきたのかということをつかまないと、同じ言葉を使いながら別の内容を盛りこんでしまう。

僕たちが実際にスターリニストと同じような言葉を使っている、まあ、言葉までこのごろ違ってきたが、同じような概念を使うんだけども、その内容が違うから論争がかみ合わないということになるわけだな。だから、形式的に概念を同じに使ったにしても、内容的な理解から切り離してやったらナンセンスになってしまう。その内容的な理解をするためには、やはり『ドイツ・イデオロギー』に集約されているところのマルクス・エンゲルスの史的唯物論の形成過程、どうやってつくられてきたのか、その過程が、やはりわれわれ自身によって学びなおされなければならない。このやり方を哲学的には「追体験」という言葉を使う。追っかけて体験する、マルクスがやった、経験した――経験と体験とは大体同じだけども、自分自身の体で感じるという意味で体験という言葉が使われるわけだが――、そのマルクスがやってきたことをわれわれ自身の頭脳のなかにおいて、そして実践のなかで再生産してみる。そういうやり方を追体験という言葉を使うわけだ。

唯物史観の追体験的再構成

われわれは、こういうマルクス・エンゲルスの史的唯物論という結果を解釈するだけでなく、それがどのようにしてうみだされてきたのかという、結果を導きだした過程、この過程そのものをわれわれ自身でもう一度ふみなおしてみることが必要なんだ。これを、マルクス主義の形成の追体験とかな、あるいは唯物史観の、あるいは史的唯物論の追体験的再構成とかいうような言葉でいわれるわけだな。そういうふうなことをやらないと、できあがったマルクスから出発してしまうと、マルクスとともに考えているつもりでもマルクスから必然的に逸《そ》れていくわけだ。実際に、その逸れ方が、われわれと代々木に代表されるスターリニストの括弧づきの「マルクス主義」との分裂としてあらわれているのが今日の現実である。

だから、われわれは、この史的唯物論というものをつかむためにも、どうやってマルクス主義は形成されたか、ということを一応やらなければならないわけだ。だが、この追体験ということそれ自体もまた二通りあるんだな。どういうことかというと、若きマルクスのいろいろな諸文書を客体的に、「客体的」という言葉もそれじたい難しいんだな、文献解釈学的にかな、われわれと無縁な恰好で解釈する。マルクスはあのときこう言った、そのときにはこう言った、このときに彼にはこういうふうに反論したとかいうような、マルクスの諸文書を、何と言ったらいいかな、傍《はた》から眺めるというかな、外から眺める。そういう恰好でやるのは文献解釈学というんであって、そういうのではマルクスの本当の魂をわれわれはつかみとることができない。そうではなくて、さっきも言った追体験的再構成という立場でわれわれはやらなければならないわけだ。

どういうことかというと、われわれがマルクス主義を、そしてとくにその形成過程を追体験するということは、マルクスが一八四〇年からずうっと彼の死ぬまでの歴史的過程をわれわれ自身の頭のなかで再生産する。マルクスが六十年ぐらいのあいだにやったこと、あるいは若きマルクスが十年ぐらいのあいだにやったこと、それをわれわれはマルクスの古典を読むことによって一年ないし二年で縮小的に短い時間で通ってしまうわけだな。こういうのは難しくいうと、現在のわれわれにおける若きマルクスの学問の歩みの現在的再生産というふうにいうわけだな。これは、論理的に非常に難しい問題なんだけども、現在的に論理的に考える、現在、この現在において論理的に考えるということのなかで、歴史的なことを反省する。

　まあ、諸君が二十歳《はたち》ぐらいだとすると子供の時からのことを考えるわけだな。その場合に、二十年間の事柄というものは十分間ぐらいで考えちゃうこともできるわけだ。自分自身の過去のことを現在思い起こす、と。だけども、その場合にはだな、なんにも知らなければ、頭のなかで考えただけでは駄目なんであって、おとっつぁん、おっかさんが撮ってくれたな、写真なんかを見ながら「はあ、私の十五年前はこうだったのかな」というような、対象的にすでに過去になった写真を通して自分自身の過去を思い起こすというふうなことをやってるはずだな。それと同様にだな、マルクス・エンゲルスが書いた古典、これを通してマルクスと同様にわれわれの頭を動かし、マルクスが急進的ブルジョアジーであった時代から本当のコムニストへ脱皮していった過程、これをわれわれの頭脳のなかでもう一度くり返すわけだ。

ということはどういうことなのかというと、僕ら自身の立場、学生なんかに、大学生になっている人たちというのは、これは社会科学的にいえば小ブルジョア的意識というのをもってるわけだが、そういう小ブルジョア的な意識から脱却してプロレタリアの意識を獲得していく、と。なぜこんなことが必要なのかということは後でやるにしてね、自分自身の現在の考え方、行動のしかた、生き方、そういうものを変えていくわけなんだが、こういうふうな変えていくというために、マルクス主義の理解というものが一つの決定的な役割をなすわけだ。そういうかたちでの勉強のしかたを追体験的再構成というふうにいうわけだな。なぜこんなことが必要か、ゴチゴチ言わなきゃならないのかというならば、もしもそういうかたちでやらないならば、マルクス主義そのものの理解が薄っぺらになるだけでなく、発展させることがまったくできなくなってしまう。

一般にだな、結論だけをあたえられて、さらにそれを発展させろといってもできないんだな。或る一定の結論がどのようにして導きだされたかの過程を理解して初めて、応用問題もまた解くことができるわけだ。たとえば、昔、戸坂潤という偉い唯物論哲学者がいたわけなんだが、その人は「ひと吾を公式主義者と呼ぶ」てな論文*を書いているわけだ。これはどういうことを書いているかというと、マルクス・エンゲルスがうちたてたところの唯物史観の公式――たとえば、これは具体的には『経済学批判』というマルクスの本の最初［序文］に載っかっている公式のことをいうんだが――、この公式がマルクスによってつくられた以上、この公式をいわば公理として、幾何学や数学における定理や公理のように使えばいいんだ、使うことはなんら公式主義ではない、というふうな居直りをやったことがあるんだな。まあ、当時の段階で「ひと吾を公式主義者と呼ぶ」なあんて論文を書くだけのくそ度胸をもってたんだからな、なかなか偉いと思うけども。そして実際、戸坂潤というのは、後でもいろいろ説明するけれども、偉い、一応哲学者なんだが。そういう代数や幾何学の公理というものも、それは公理ができてくるプロセスを理解していなければ、新しい問題へ、公理を、どういう公理を適用したらいいのかという点がうまくいかないはずなんだな。あれをあてはめたりこれを使ったりというふうにアトランダムにできるかも知れないけれども、公理それ自体がでてくる構造を理解して初めて、応用問題を解く場合もスムースにいくわけだ。

＊『中央公論』一九三七年八月号、『戸坂潤の哲学』（こぶし書房）所収。

それと同様に、マルクス・エンゲルスが［明らかにした］いわば公式というふうにいわれるところの唯物史観の原理だな、こいつをただたんに棒暗記しただけでは、実際の問題、たとえば歴史の具体的な分析だとか、あるいは現代の資本主義の構造あるいは社会主義の構造といわれるものをだな、分析する場合にもすぐにパンクしてしまうわけだ。あてはめて、これにはあてはまらない、こうやればあてはまるというような、公式をいわば物差しにしてちょん切る、というようなことしかできないんであって、マルクス主義の理論を内在的に発展させるというような具合にはいかない。だから、われわれは、そういう公理あるいは原理あるいは法則といわれるものが、どのようにしてつくられたのかということを理解しなきゃいけない。そして、その理解のしかたもまた二通りあるんであって、解釈学的に傍から眺めているんでなく、マルクスとともにわれわれの頭脳が動くようなかたちで勉強しなければならない。それを追体験というんだ。

こういう理解のしかたを哲学的にいうならば、「主体的な」というふうな形容詞で呼ぶわけだ、主体的なマルクスの理解のしかた、と。この「主体的な」ということを——それ自体が唯物論的な構造をなすんだけども、そのことの哲学的な問題はまあ、一応きょうはやらないにして——、とにかくそういう主体的な立場を失ったならば、マルクス主義を発展する力をわれわれ自身の内部につくりだすことはできない。できないということはどういうことかというと、レーニンやスターリンがやったことを拝むという恰好になる。マルクス、エンゲルス、レーニン、スターリンなどがやったことを公式として覚えこみ、それを教条として理解する。教条はDogma《ドグマ》の訳語だけども、要するに宗教的なところからでてくる。バイブルを拝んで、あれのくどい解釈をやる。それと似たように、今日のソ連の学者諸君は『資本論』というバイブルとかな、まあ『資本論』というバイブルやるならまだいいんだけどね、スターリンがつくった「弁証法的唯物論」とか「史的唯物論」とかいうものをバイブルとして解釈する。そういう意味において、そういう態度のことをドグマチズム、教条主義というんだな。教条主義とか公式主義といわれるのは同じことだ。

要するに、偉い革命家がつくった理論を無批判的に礼讃し拝む。そういうのが教条主義とかドグマチズムとかいうのの内容をなすわけだな。そういうことによっては全然理論の発展はできない。そうではなく、われわれ自身の社会をどう変革していくのか、あるいはわれわれ自身がどのようにこの現在を生きていくのか、というような点を軸にしながら自分自身をマルクス主義者として鍛えあげていく。そして、そういう鍛えあげていく過程は同時に、マルクス、エンゲルス、レーニンがし残した仕事をもできるならばやっていく、そういう立場にわれわれはたたなければならない。だから、主体的な立場というのは、いいかえるならば創造的な立場（創りだす、クリエイションの創造な）、創造的な立場というふうにいうこともできるわけだ。

Ⅱ　唯物史観はいかに形成されたか

　ところで、このマルクス・エンゲルスがつくった唯物史観あるいは史的唯物論は、どのようにしてつくられてきたのか。これを全面的にやるわけにいかないんで、この史的唯物論との関係において簡単にやっていく。

　なぜ、このことが必要になるかというと、たとえば本屋に行くと『弁証法的唯物論と史的唯物論』とか、あるいは『マルクス・エンゲルスの哲学教程』とか『史的唯物論』とかいう教科書がたくさんあるわな。あの教科書、いま出ている教科書というものはすべて一九三八年の『ソ連邦共産党小史』、これはスターリンがつくったやつだが、『ソ連邦共産党小史』の第何章かに組み入れられているところの、スターリンが書いたといわれる「弁証法的唯物論と史的唯物論」という教科書的なスタイルをもったものがあるわけだな。これは独立的に国民文庫なんかに、七十円かな、なんかで出ているから簡単に読めると思うけども。この『弁証法的唯物論と史的唯物論』、これを一応「スターリン哲学体系」というふうに僕は呼ぶわけだ。

若きジュガシビリ、スターリンだな、若きスターリンが「無政府主義か社会主義か？」というのをグルジア語で発表したことがある。そして「『スターリン全集』に印刷するのが最初だ」てなことを書いてやってある短い文章があるんだけども、真偽のほどは知らないけども。なぜこんなことを言うかというと、「無政府主義か社会主義か？」という論文の内容と三八年に書かれた『弁証法的唯物論と史的唯物論』の内容と、いわゆる哲学的理論にかんしてはほぼまったく同様なわけだ。そういう意味においては「スターリンは天才的だ」というふうに言う者もあれば、「発展しないんだ」というふうに悪口を言うこともできるんだが。

この『弁証法的唯物論と史的唯物論』の全面的な批判ということはともかくとして、さしあたりまず、そこに述べられている史的唯物論の叙述というものがマルクス・エンゲルスのそれと似て非なるものである、つまりエセ史的唯物論だということをまず最初に念頭に置いておいてほしいと思うんだな。

どういうことなのかというならば、マルクス・エンゲルスの史的唯物論というやつは、『ドイッ・イデオロギー』というのを読んだ人が、読んだことのない人もいると思うからこれはまずいな。そうするとだな、まあスターリンの場合の叙述のしかたとして、まず「社会を決定するものは何なのか、人口の増大だろうか、あるいは地理的な要因だろうか、いやそうではない」。これはスターリンの文体だよ、「いやそうではない」と。だからな、ブルジョア学者が「教義問答方式」と悪口を言うわけなんだけども、そう悪口を言われるのは当り前なんだな。論証がないんだよ。ただな、断定するわけだ、「神秘主義的日和見主義*」なあんてな。(笑)断定しても内容がさっぱり分からない。そういうふうにな、自分の方に内容がないとな、相手にぱっとレッテルを貼って、あと、すーすー、すーすー移行しちゃう。そういう頭脳構造はスターリンと同じだな。

＊　武井健人＝本多延嘉が「山本(黒田)派」に貼った政治主義的レッテル。『前進』第一二〇号(一九六三年二月四日付)掲載の政治局論文。

で、「地理的な要因か人口の増大か、いやそうではない、社会を決定するものは生産様式だ」、こうくるんだな。じゃあ、生産様式がなぜ「社会の決定的な要因」なのか、というふうに開き直ると、これは説明がない。ただ「物質的財貨の生産が非常に重要であるから」ということになるんだな。「物質的財貨の生産」というふうに、財貨というのは物だな(材料の材を書くのかな。財産の財だ、財貨、貨物の貨とな)、「物質的財貨の生産」、グッズというやつだな、「物質的財貨の生産」が「社会の決定的な要因」をなすんだ、という。しかし、物ばかり多くつくったって人間産まなかったらどうすんだ、というのもすぐ疑問にでてくるはずなんだな。物ばかりつくると言ったけども、つくるためには人が要る、つくった物はどうするのかというと、どうしてもそこでは人間の問題がでてくるわけなんだ。ところが、人口の増大は「社会の決定的な要因」とはならないということで切り捨ててしまって、「物質的財貨の生産が社会を決定する決定的な要因である」というふうに言いきってしまうから一面化されてしまう。

そして「物質的財貨の生産」というふうにやってしまうということは、同時にどういうことを意味するかというと、マルクス・エンゲルスが理解していた社会の生産というものから外れていくことを意味するわけだ。そういうふうにだな、『何を、どう読むべきか?』の「史的唯物論」の項目のところに、あるいは『マルクス主義の形成の論理』の最初の方にも述べてあるように、さまざまなかたちで修正がおこなわれている。この修正を理解するのも非常に大変なんだけども、これは後で具体的に展開するなかでスターリン的な理解のしかたとわれわれの理解のしかたとの違いを明らかにしていく。

とにかく、ここではスターリンの『弁証法的唯物論と史的唯物論』、面倒くせえから『弁と史』と略すんだが、『弁と史』という本の史的唯物論の書かれているところは初っ端からおかしくなっているわけだな。ところが『ドイツ・イデオロギー』を読むと、「物質的財貨の生産が社会の決定的な要因である」というふうには書かれていない。人間生活の生産、人間生活をつくりだし、そしてさらにつくりだしていく、こういう生産の連続的な発展のことを表現するために「生産および再生産」という言葉を使うんだな。「生産および再生産」で、これが人間が存続するかぎり永久におこなわれていくということをこの二つの言葉であらわすんだな。「人間生活の生産および再生産」という言葉を早稲田のあの地理の先生、何といったっけな、中島さんか、あの先生はだな、「人間生活の生産」ということで物を、生産手段をつくりだすのを指し、「再生産」という方で人間を産むことを指すんだてなわけでな、やってるけど(笑)、これはもう屁理屈というもんである。そうじゃなく「生産および再生産」というふうに使う場合には、生産が連続的におこなわれていくということをあらわすひとつの概念なわけだな。

こういうふうにマルクス・エンゲルスの史的唯物論が「人間生活の生産ならびに再生産」というふうになっているのはなぜなのか。これは、ほかならぬ人間社会というものが労働によってなりたち――労働と生産とはどう違うかっていうのは後で説明するとして――、労働によってなりたち、その労働を軸にして社会全体の発展がおこなわれていく、というような立場から書かれているわけなんだな。

そういうふうに史的唯物論の軸が生産におかれているということはどういうことなのか。これは、社会というものと生産のつかみ方というのがスターリニストと違うばかりでなく、生産と社会との関係をどう主体的に理解するかという問題にもつながってくる。こういうような問題から迫っていった理由としては、ほかならぬその前の年に、マルクス・エンゲルスが資本主義社会における人間労働、僕らの言葉で言えば賃労働者の労働なんだが、賃労働者の労働はどういう構造をなしているのか、いわゆる『経済学＝哲学草稿』といわれている一八四四年にマルクスが書いたノートがあるんで、かの有名な「疎外された労働」という項目を頂点とした資本主義社会における人間疎外の状況の分析がなされている。そういう分析にふまえることによって初めて、『ドイツ・イデオロギー』というのが生産論を軸とした社会の見方、理論として形成されているわけだ。

マルクスの「疎外された労働」論

この疎外ということは、ここでまた具体的に説明するのは後の質問の段階でやるとしてだな、要するに、資本主義社会においては人間は人間づらをしているけども、しかし、人間扱いされていない。つまり、労働者は自分の労働力を商品として売り渡すことによって生活してるわけだな。自分が労働力を売りたくないときには売らなくてもいいんだけども、そのときには、しかし死んでしまう。お金をもらえないから餓死してしまう。これは、なぜなのか。そういうような人間の状態、これは要するに生産手段から人間が解放されている、だから自分の労働力を売る以外に生きる道がない。これを賃労働者というんだな。だから、資本主義社会において「自由」というふうにいわれているものは、たんに自分勝手にやるということでなく、そもそも自由の経済的基礎というのは生産手段からの解放、自由、生産手段をもってないというのが資本主義社会におけるプロレタリアに許された自由の本質なんだな。

ところで、生産を営む場合には生産手段、物をつくりだすいろいろな手段だな、そういう生産手段をもっていないと生産はできない。生産というのは、一般に主体的な条件と客体的な条件（これを生産手段というが、これはまた後で説明するが）、主体的な条件と客体的な条件との統一によって生産は実現されるんだが、生産にとって欠くことのできない生産手段、客体的な諸条件を資本家に奪われてしまっているからチンバなんだな。働きかける対象を労働者がもってない、これをさっき「生産手段からの解放」と言ったんだな。だから、自分の労働力を売らなければならないわけだ。そういうふうな状態、自分の労働力をお金で資本家に売る、これを「労働力を商品として売る」というふうにマルクスは言ったんだが、そういうようなつかみ方を晩年のマルクスはやったんだが、若きマルクスはそこまでいかなかった。とにかく、おかしい、と。人間は自分自身を他人に譲り渡すことはできないにもかかわらず、自分の人格を、そして労働力を売らなければならない。こりゃ、おかしい、と。このおかしな状態をマルクスは「疎外」と呼んだわけだな。

疎外というのは、もともとの言葉では「よそよそしい」とかな、estrange《イストレインジ》というような、英英辞典を引けばそういうように出てくるよ、ストレンジにする、と。「よそよそしい」というんだが、マルクスが当時使った「疎外された労働」という場合には、労働それ自体が苦痛である、労働する人にとって苦痛である。やむをえずやる労働のことを「疎外された労働」と呼んだわけだな。やむをえず労働をやるもんだから、やむをえず労働をやるということはどういうことなのかというと、さっき言ったように生産手段は他人、資本家のものなんだから、いくら働いたって生産された生産物、つくられた生産物はてめえのもとに戻ってこない。働いても働いても、つくられた物というのは生産手段の所有者たる資本家の方にとられてしまう。「これじゃ働く気もしねえ」ということになるわけだな。そういう、労働それ自体がやんなっちゃうし、つくられた物も資本家のもとにいってしまう。これは、資本家のもとにいってしまうということを、マルクスは「生産物からの疎外」というような言葉を使ったわけだ。

このように労働はいやであるが、自主的に主体的にやる労働、このことを合目的的労働というんだな。合目的的というのはちょっと最初は分からないけども、人間がいろんなことをやろうというふうに頭のなかでつくりだすものを目的という。しかし、それがミーハー的に夢見ちゃう目的なのは、ありゃ目的というんじゃないんだよな。あれは理想というかな、空想的な幻想である場合もあるし、空想である場合もあるし、何とか実現可能とはかぎらないいろんな妄想である場合もあるわけだな。そうじゃなく、われわれがおかれている諸条件にふまえて、こういう条件のもとではどういうことができるか、ということを頭のなかでつくりだす。だから、これは実現可能なもの、このことを「実在的可能性」というふうに哲学的に規定するんだが、実現可能な可能性をわれわれは目的としてとらえるわけだな。そして、この目的にのっとったというのに、合（合うね、合う）、目的に合った的、合ったようなということで「合目的的労働」という言葉を使うわけだな。後の「的」というのは英語から日本語、ドイツ語から日本語に直す場合につくられたひとつの、何というのかな、言葉で、本来の日本語にはないんだ。だから「合目的労働」というふうに言ったっていいんだけど、それじゃ語呂が悪いしな。一般的に「感性的労働」というふうに言うのと同じように「的」をくっつけて「合目的的労働」と言う。これは、主体的に自分がおかれている諸条件を認識し、そしてそれにふんまえておこなう、そういう主体的な労働、だからこれを「技術的な労働」というふうに言い換えてもいいんだが。

そういう労働をおこなうんじゃなく、資本家から「こういうふうにやれ」というあてがいぶちの労働をやる。「こういうふうにやりなさい」、そういう無味乾燥なまったく同じことの単純なるくり返しをやるわけだな。まあ、そういう労働を「疎外された労働」と呼ぶ。そして、つくられた物は資本家のもとにもってかれる。ということはどういうことかというと、そもそも資本家と労働者との対立が根底にあるからだ、ということになるわけだな。当時のマルクスは、賃労働と資本との対立というような経済学的な把握ができないで、「人間の人間からの疎外」というかたちで階級対立をとらえていたわけだ。

こういう段階にとどまっているだけでなく、さっき言ったように自分の労働力を他人、資本家に売らなきゃならないのはおかしい、と。こういうおかしくなった社会のことを階級社会というふうに、あるいはそれの直接的現実としての資本主義社会、直接にそういうおかしな社会のことを資本主義社会というんだが、そういう資本主義社会は、人間本来の社会形態とは違うんだ。人間が他の人間とともに一緒になって自分たちの生きていくための労働をやる、そういう社会ではなく、それの一つの歪曲された、駄目になった社会だ、というふうな表現を当時のマルクスはフォイエルバッハから借りて「類的生活」——類というのは個、種、類のあの類だな、動物学の類だ、ああいう人間種属と言ってもいいけども、人間全体の、人類と言ってもいいけども、その人類の類だと言ってもいいな——、そういう人類的な仲良しの共同体というものがぶっ壊れてしまったんだ、と。「階級社会」という言葉もまだその当時つくられていなかったから、そういう類的な生活、全人類が本当に仲良く共同体としてやっていく、そういう共同体としての類的生活あるいは種属生活というものの自己疎外というふうに、階級社会を当時のマルクスはとらえていたわけだ。

このように資本主義社会における労働、賃労働者の労働がこういうふうにパーになってるということを軸にすえたということは、同時に、そういう現実を破壊しなければならないということと密接不可分に結びついているわけだな。しかし、そういう労働論にとどまっているならば、資本主義社会がどのようにしてつくられてきたかという歴史的な根拠、それはつかめないわけだな。いいかえるならば、一八四四年の初期の、四四年の春の段階のマルクスは、資本主義社会の現実、賃労働者と資本家がうみだされているという現実から出発したわけだ。なぜ、そのような賃労働と資本との対立が形成されたのかという根拠、歴史的な根拠についてはまったく知らなかったわけだな。そこで当然にも、これが、どのようにしてこういう社会がうみだされたのかということを理解しないわけにはいかなくなってくるわけだ。

そこで、歴史の全体的なとらえかえしというものが必然的となってくる。どのようにして社会の歴史はできてきたのか。さしあたりまず、それまでに分かっているところの社会経済史的な知識をいろいろ集めると同時に、それをヘーゲル主義的に理念の自己展開の体系のなかに位置づけてしまうのではなくして、社会が階級闘争をバネとし生産力と生産関係との相互関係によって発展してきたのだという、いわゆる公式といわれるようなものの母胎がつくられた。それが『ドイツ・イデオロギー』であるわけだ。

Ⅲ　史的唯物論を理解するために

A　労働と技術

われわれの観点からいうならば、したがって社会はそういう労働を最深の根底としている。労働という場合には、まあ labour《レイバー》という言葉が、英語の labour それ自体が「苦痛」という意味を含んでいるわけだな。それで「働く」という両方の意味を含んでいるってことは象徴的に物語っているわけなんだが。そういう、労働という場合には人間の主体的な活動、とくに物を、生産物をつくりだす活動のことを労働という。これをマルクスは「生産活動」とも呼んでいるわけだな。生産という場合には労働の総体的表現、いろいろな主体的な労働が、個々人の労働がおこなわれているけども、そういう労働によって全体がなされるところのものをしめす場合には「生産」という言葉が使われるわけだ。

生産というものは何によってささえられているかというと労働であり、生産というのは人間社会以前にはなかったわけだな。これはどういうことかというと、たとえば動物というのは、物をつくりだすということは決してできないんだな。チンパンジーだって物をつくりだすってことはできないんだ。物を動かすというぐらいのことはできる。或る一定の地位から他のところへ物を動かして持っていく。犬だって口にくわえて持っていくけどな。しかし、人間の独自性というのは新しい物をつくりだす。しかも、この新しい物をつくりだすというのは物質的にこしらえるということばかりでなく、神様さえもつくりだすという具合になっていくわけなんだが、それは後の話として、さしあたりまず新しい物をつくりだす、と。

子供の遊びを考えてればいいな。粘土を与えると、粘土を与え最初の段階にはごちゃごちゃ、ごちゃごちゃやっているけど、そのうちにいろんな、犬の恰好なんかをつくりだすということを覚えていくわけだな。あれと同様に、われわれのずうっと前の先祖もな、最初はそういうことをやってたに違いないんだ。そこから、いろいろな、水をためるにはへっこんだものがいいとかな、物を切るには尖ったものがいいとか、というかたちで考えて、いろんな土器なんかがつくられてくるわけなんだが、石器、土器と。そういうふうに新しい物をつくりだすというのが、人間の労働の独自性であるわけだ。新しい物をつくりだす。

最初は直接的に役立つ物をつくりだすんだけれども、だんだんと或る一定の物をつくりだすために必要な手段、たとえば獲物をまず殺す場合には素手でボカーンとやるわけにはいかねえわけだよ。それで棍棒で殴るてなことをやる。棍棒というのは一つの、ぶち殺すための手段になるわけだな。棍棒それ自体はだな、丸太であって物だけども、そういうものが原始人にとって、まあ、「原始人的肉体派」というのもあるけどもな（笑）、原始人にとってはだ、重要な労働手段であったわけだな。そういうのは、だんだん発展してくると今度は落し穴をつくってボカーンと落っことすとかな、いろんなことをやるし、さらに弓矢なんていうのをつくりだすとか、それから火をおこす、と。まあ、火をおこすといったって最初はどういうことかよく知らねえけども、山火事、あれは自然発火するわけだが、山火事になる、と。そうして山火事になって後に焼け死んだ猪がいたとすると、それで食ったらやっこくてうまい、と。「こりゃ、ほんじゃあ今度は生で食わねえで焼いて食んべえ」、そういうことを思いだすわけだよな。（笑）

そういう、何というか、経験主義的にだな、哲学的にいうと経験主義だよ、やってみて、はーんというんでそれを反省する、そこが人間の能力のあるとこだな。犬なんていうのは自分でやらないでかならず拾って歩くとか、ということしかできねえわけだな。そりゃあ、まあ

「マルクスの馬グソひろい」*というのもあるけども（笑）、われわれはそういうやつであっちゃ困る。そういうふうな経験をつうじて反省し、どうやって自然の暴力に屈しないで自然を逆に支配していくか。自然を支配していく、そのことを技術というんだな。うまく支配していくやり方、人間による自然の支配のやり方、これがいわば技術なんだ。技術とは一体何か、というのをもっと学問的にやんなきゃいけないけども、イメージとしてな、自然の暴力、台風がぶーと吹いてくると「あれ、神風だ」というふうに思っちゃっちゃまずいんであってな。あれはなぜ起こってくるのかというと、タイフーンという一つの、気圧のどうのこうのというふうにすると科学的説明になるわけだな。

＊　吉本隆明が黒田ら「マルクス主義を適用せんとするもの」にたいしてあびせた悪罵。『黒田寛一　初期論稿集』第六巻（こぶし書房）三二一頁。

そういうふうにだな、いろいろな自然の諸現象が起こってくる根拠、その仕組み、これを法則というんだが、これを認識し、そしてそういうのを実際に自然の支配のために役立てていく、そういう労働を技術的な労働というわけだな。そういうふうな人間の技術的な労働を軸としながら、人間社会の歴史は発展してきたんだし、そういうことなしには社会はつくられなかった。こういうふうなのが史的唯物論というものを理解するための大前提にならなければならない。

「社会を決定するものは何なのか」［スターリン］というふうにやらないで、俺たちが考え、食い、生き、飲み、住む、と。こういう動物がやるようなことと同じようなことをわれわれはやっているわけだが、しかし、その同じだけども、しかし同時に違ってるわけだ。昔の、まあ、今日における南洋の土人というのはな、あれはバナナなんかがひとりでに生えているの食ってるからな、あんまり物をつくりだすということをやらねえ。怠けててもだな、まあ、そんなこと言うとあんまりうまくねえけども、稲なんつうのもぽーんと蒔いとけばだ、さっと雨が降って、湿って、さっと出てきて実っちまうというかたちで、労働というものをやらなくても食う物がかなりできるわけだな。だからだな、最初の原始時代においては食うものがあるところを漁り歩いていたわけだ。いわゆる遊牧民族というやつな。そりゃあ、牛とか何とかが食う、羊とか牛とかが食う牧草のあるところを渡り歩いていたわけだけども、猿だってそうだし、最初はとにかく自然にある木の実なんかがあるところをぐるぐる、ぐるぐる回っている。

ところが、そうはいかねえ、と。だんだん或る一定の土地に住みつくようになると、すると、てめえの食う物をつくらなきゃいけないというんで、そこでいろんな物をつくりだす術を覚える。しかも、われわれは今日でも、日本の農業が今日でもウンコというものを畑にやってるわけだけども、あれだって、てめえのひったウンコの下のところの草がな、猛烈青くなっている、と。これはおかしい、と。やっぱり肥やしになるんだな（笑）、というふうに考えたに違いないんだよな。そこでだ、一度人間の体を通ってきたもの、いわばカスだ、カスが今度食うものの肥やしになるんだよ、こういう弁証法な。（爆笑）カスが同時に肥やしになる、と。だから、やっぱりケルンパー［中核派］なんというのはカスだけどな、あれをたたくことはわれわれの思想的成長のための肥やしになる、というふうに理解しないとまずいんだよな。まあ、そういうふうにカスを肥やしに転化していくということも学んできたわけだな。そこから、人間労働というのがおこなわれる。

労働過程の三つの契機

労働する場合には人間が自然に働きかけるわけなんだが、この働きかける間に、中間に媒介物——「中間」も「媒介」もドイツ語じゃMitte《ミッテ》というんだが、そしてその媒介するところのものをMittel《ミッテル》つまり「手段」というんだな——、労働主体とそれが働きかける対象（労働対象という規定を受けるが）との媒介をなすもの、これを労働手段と呼ぶわけだ。この労働手段という媒介物があるところに人間の独自性がある。チンパンジーにいろいろ仕込めば、棒を持って自分の手で、自分といったらおかしいけども、チンパンの手で届かない、たとえばバナナというものは最初は飛び上がって取るんだけどな、肉体派よろしく。ところが、人間が仕込むと棒を持ってたたき落とすというぐらいのことは分かるけれども、本能的にはそういうことは分かんない、仕込めば多少は分かるというぐらいのもんで。人間はそこは相当、大体赤ん坊だって一歳か二歳ぐらいになると相当知恵がついてきて、そういう媒介物をかならず入れるようになってくるわな。それの発展した形態が労働手段であり、今日ではオートメーションというとこまで発展してくるわけだ。人間の頭脳がやるところの一部分をすら機械がガチャコン、ガチャコンやる。

そういうふうにだな、媒介物がますます発展してくるということは、人間頭脳活動の一部分をだんだん手段化していくわけだな、機械化していくわけなんだが。そういう、労働手段というものを媒介として自然に働きかけるところに人間労働の独自性があるわけだな。このことを、しかし極端化すると、かつての技術論にあったように「労働手段の体系」——「労働手段の体系」という場合には、たとえば具体的なイメージとしては工場なんかを思い浮かべればいいんだが——、「労働手段の体系というのが技術だ」というふうな誤りに落ちこんでしまうわけだ

な。そういう技術……［ここでテープが途切れている］

はい、また始めます。労働をおこなうためには、主体たる労働者と客体たる労働対象、それを媒介する労働手段という三つのモメントからなりたち、それによっておこなわれる労働のありさまを労働過程というふうに呼ぶ。或る翻訳では「労働行程」、行く程というふうに書いてあるけども、やはりプロセスという意味で労働過程というふうに使った方がいいと思うけども、労働過程はその三つの契機からなりたっているわけだ。ところで、この手段と対象とは、いずれも人間から独立した物質的なものであるという意味において、これは生産手段というふうに一括して呼ばれる。生産するために必要な手段、生産手段というふうにいった場合には、労働対象および労働手段となるものをいう。

そこで説明しておかなければならないものは、よくスターリニストがこういうふうに説明するんだ。「労働手段とは工場の機械とか金槌とか鋸《のこぎり》である」という説明すんだな。スターリンの場合にはさらに、手に直接持ってやるやつ、手に直接持って使う労働手段のことを「生産用具」というような言葉を使うけども、それはまあともかくとして、とにかく「労働手段とは、たとえば金槌である」というような説明をするんだな。こういう説明のしかたを例証主義（例を挙げて証明する、例と証明の証）、例証主義というふうにいうわけだ。しかし、金槌が労働手段であるわけじゃないんだよ。金槌は大工にとっては労働手段だけども、泥棒にとっては泥棒に入るための手段であり、喧嘩をするときには殴るための手段なんだよ、なあ。

で、そもそもそういうふうに、金槌はもちろん大工的な労働をやるための手段としてつくられてはいるんだが、しかし金槌それ自体が労働手段であるわけじゃない。つまり、或る一定の労働過程に入ることによって金槌は労働手段として機能するわけだ。しかし、お店の前に並べられている、金物屋の前に並べられている金槌っていうのは、あれは商品なんだな。そして、金物屋の親父はあれを労働手段としては使わない。まあ、たまには使うときもあるだろうけども、あそこに並べてある場合には商品なんだ。われわれがそれを買ってくる場合には日曜大工というようにいわれるやつの労働手段になるわけなんだし、基本的には大工の建築という過程において、そういう労働過程において労働手段として機能するわけだな。

だから、たとえば、もしもだな「金槌は労働手段である」というようなのをそのまま信じこんでいるとだな、たとえば大地、われわれが立っているこの土地だな、この土地は一体何なのかということがはっきりしなくなってくるわけだ。お百姓にとって大地というのは［労働対象*であり］、たとえば米をつくりだすための手段だな。ところが、工場の置かれているいわば敷地だな、これは何なのかというならば、これは手段なんだよ。たとえば牛乳工場なら牛乳工場の土地というのは、牛乳を生産するための一つの一般的な労働手段となるわけだな。だから重要なことは、同一の物もだな、生産過程あるいは労働過程において占める地位によって、或るときには労働手段となり、或るときには労働対象となる。だから、例証主義的に「金槌は労働手段である」というふうに言っちゃあ駄目なんであって、正確には「金槌が労働手段となる」と。その「となる」条件というのは、建築の労働過程においてなんだが、そういうふうに動的に理解する必要があるわけだ。

＊「史的唯物論入門」『革マル派 五十年の軌跡』第四巻（あかね図書）三一一～三一二頁、『社会の弁証法』（こぶし書房）一三五～一三八頁などを参照。

もっと極端な例でいうならば、よく使う例はその辺にある石ころなんだな。石ころは石ころとしては自然的存在なんだよ。だけども、それはおはじきのため、おはじきには使わねえな、石蹴りだ、石蹴りのために使うなら遊びの手段だよな。しかし、兎を殺すためにびゅーんと投げたとして兎が死んだとして、その場合には獲得するための手段になる。労働手段だ、狩人の一つの労働手段に転化するわけだな。自然的存在としての石ころが労働手段としての石ころになるわけだな。そういう、労働過程に入りこむことによって或る一定のものが別の規定性を受けとる。或るときは労働手段として、或るときは労働対象として機能する、そういう弁証法的な構造をだな、はっきりつかんでおかなければならない。

B　生産力と生産関係

さて、このような労働というのが生産過程における自然的側面、人間と自然との技術的な関係というふうに僕らは呼ぶ。この自然的側面ということをしばしば使うわけだが、この自然的というのは社会に対立させた意味での自然的ではない。社会のなかにおける自然的なものという意味なんだな。これはちょっと頭が、ちょっと難しいんだけども。そもそも社会というのは自然の発展のなかからうみだされてきた、そういう意味においては、社会は自然のなかに入ってるわけだ。宇宙の歴史の方が人間の歴史よりもはるかに長い。そういう意味においては、社会とその歴史は自然の産物だというふうにいえるわけだな。そして、われわれは今日も自然のなかに、さしあたり地球の上に住んでるわけだ。

ところが、われわれはこういう自然のなかにいるんだけども、逆に自然を支配して、今日ではお月さんまで行っちまう、というようになっているな。こういう場合にだな、社会を今度、軸においた場合、いままでは自然の方から、自然史の発展の方から社会を位置づけて見ていたんだが、自分がうみだされた、自分たちあるいは自分がうみだされたところの自然を支配していく。要するに、社会が、あるいは人間が自然を支配していく、そういう観点（逆になってるな、さっきと）、という場合には、社会のなかにおける自然的側面ということがいえるわけだな。その場合には、社会的な諸関係を一応捨象、この「捨象」という言葉がまた難しいと思うけども、一応頭のなかでどけて、「捨象」の反対が「抽象」なんだが、頭のなかでどけてとりだされたものを抽象というんだな。そういうふうなだな、社会的諸関係を一応頭のなかでとりのぞいて、実際はとりのぞけないんだけど、頭のなかでとりのぞいて、自然と人間との関係だけを、そういう側面だけをとりあげる。そういう側面を技術的＝自然的側面と呼ぶんだな。

ところで、そういう自然的＝技術的側面にたいして社会的側面といわれるのは、人間と人間との関係のことをいうわけだ。社会というのはこういう二つのモメントから、「モメント」という言葉もまた難しいんだが、二つの要素といったら、ちょっとつぶを、つぶつぶ、元素みたいなものを思い浮かべちゃうけども、そうでなく二つの関係からなりたってるわけだな。人間と自然との関係と、自然に働きかけるための人間と人間との関係、そういう両者の関係からなりたっているのが人間生活だ、と。

この人間生活の生産、再生産というのは、したがって一方では食うためのもの、あるいは食うためのものをつくりだすもの。食うためのものというのは生活手段だな。スターリニストは「生活資料」とか、あるいはひどくは「食料」というふうに訳すが、そうじゃなく、やっぱり生活手段というふうに僕たちはいう。そして生活手段をつくりだすための手段を生産手段という。生活手段、食うものをつくりだすための手段のことを生産手段というんだな。だから、直接的な生活手段、これが消費手段、食うものというふうに理解してもいいな。それから媒介的な生活手段、つまり食うものをつくるためのものをつくる手段、媒介的な生活手段、これを生産手段という。ちょっと頭を混乱すんなよ。直接の生活手段というのが食うもの、消費手段だな。それから消費手段をつくりだすための手段、つまり媒介的な生活手段を生産手段と呼ぶんだ。こういう生産手段と生活手段とは統一的な関係をなしているわけだな。

生産手段は生活手段をつくりだすためにあるんであって、生活手段をつくりだすための生産手段をわれわれは労働過程で駆使するわけだ。だから僕たちはだな、生活手段のことを「生活資料」とか「食料」とかいうふうにやっちゃうと、生産手段との関係が分からないわけだ。生産手段といっても、それはあくまでも媒介された生活手段なんであって、根本的には生活手段の生産のためのものだという、そういう構造を理解しなきゃいけない。そういう意味において僕たちは「食料」とか「生活資料」とかという言葉を使わないわけだ。そういうふうにやんないのがスターリニストであり、生活手段はみんな「生活資料」と訳しちゃう。それはなあ、概念としては分かりがいいよ。こっちは食うもの、こっちはつくるもの、こういうように分けておけばね、混乱する恐れがないと思うけども。しかし、食うものをつくるためのものも、どっちみち食うためのものをつくるわけだ。食うものをつくるためのものだ、ということをぬかしちゃっちゃ駄目なわけだな。

ところで、そういう食うものをつくるということは、直接的には自分自身の肉体の再生産のためなんだが、同時には新しい働き手をつくりだすためのものでもあるわけだ。つまり新しい人間、子供を産みだすためにつくるわけだな。一方では人間による自然への働きかけとともに、他方では人間の人間への働きかけがある。これは、最初は男と女の関係が原基形態であるけれども、そしてそれは人間の生産、人間、子供を産むというかたちが原基形態であるけれども、つくられたもの、子供だ、それを労働力として発展させていくとともにだな、生産の場面において関係をとりむすんでいく。これが直接的生産関係あるいは労働関係という。つまり一人で物を生産する場合よりも、人数が集まって集団をなしてやった方が能率が上がる。そこでだな、こういう生産をする主体の側における多様化（多くなることね、多様化）、最初は一人で、最初は一人ってことはねえんだけども、原理的に扱う場合には百人いようが一人いようが全体的に一人として扱うわけだが、これを実体的にさらに詳しく割っていくと労働関係という関係をとりむすんで、それが集団をなしてやっている、と。

ところでだな、この集団をなしてやる場合にも、すべての人々が同じ仕事を同時にやる。たとえば牛乳瓶をそれぞれの人が洗って、牛乳瓶の中に牛乳を詰めて蓋を閉めて一つをつくる。それぞれの人がそういうことをやるよりも、Ａの人間は牛乳瓶を洗うだけ、それからＢの人間はどんどん、どんどん牛乳を入れる、それでＣの人間は蓋をする、それからＤの人間はビニールを引っかける、と。これはみなオートメーションでやるんだけれどな、今日は。しかし、そういうふうに仕事を分担するというやり方をやれば能率が上がるわけだな。そういうのを「作業場内における分業」というふうにいう。何でもかんでも一緒にわっさわっさ同じものをやっちゃうとうまくない、と。それで、任務分担をしてやれば能率が上がる。生産力が低い段階においては、そういうふうに生産の主体的契機をさまざまなかたちに改編しておこなってきたわけだな。

そういう、生産過程そのものにおける人間相互の関係を直接的生産関係あるいは労働関係と呼ぶ。そういう主体の側の変革というものはそれ以上できないわけだ。さらに、それを何とかして生産力を上げていく場合には対象の側の変革をやっていかなければならない。つまり、いままで使っていた生産手段を技術化しなければうまくない。それ以上の生産力を上げることはできない。そこで、手段の技術化がおこなわれていく。手段が技術化されると、今度は主体の側もその手段の技術化に対応したかたちでまた仕事が分割されていく。そういう主体の側と客体の側における変革、しかもその相互作用を通して生産の実現のしかたが歴史的に発展してくるわけだ。

スターリンによる規定のしかたの誤謬

ところで、こういうふうな生産のおこなわれる主体の側と客体の側の構造をやるのは一応内部構造を分析したわけなんだが、種々の労働過程からなりたっている全社会の行程、全社会の動き具合だな、社会史の過程あるいは生産過程というが、それをつかむ場合に、史的唯物論は生産力と生産関係というそういう概念を使って把握するわけだな。

ところでだな、これを理解するためにはどういうふうにやったらいいかというと、生産関係というのは読んで字のごとく「生産にたずさわる関係だ」というふうにやっちゃうと、これはまずいんだな。たとえばスターリンは「生産関係とは生産過程における人と人との関係である」、こういうふうに書いてるな。ところが、「生産過程における人と人との関係」というのは、さっき言ったように直接的生産関係あるいは労働関係のことをいうわけだ。だから、「生産過程における人と人との関係」だけじゃなく、そのほかにもいろいろ関係があるわけだな。物を配ったりする関係、あるいは物を、あるいは貨幣を取り替えたりする交換の関係とか、いろいろな、今日からみればすぐ分かるような種々の関係があるわけだな。そういう諸関係の総体を生産関係、社会的生産関係という。総体を社会的生産関係という。あるいは、マルクスはつねにかならず「生産諸関係」と使っているわけだな。なぜ生産諸関係というふうにいうかというと、分配関係とか交換関係とか消費関係とかいうようなそういう関係は、とどのつまりは、物をつくりだす生産のためにとりむすばれている関係だからという意味において、社会の諸関係をすべて生産諸関係というふうにつかまえるわけだ。

だから、スターリンのように直接的生産関係あるいは労働関係だけが生産関係であるわけではないわけだな。しかもスターリンの誤りは、それにくっつけて、生産関係という場合に「人と人との関係」というふうに、真ん中のことを指す。こういうのを機能概念というんだがな。われわれは、生産関係という場合には生産関係を担っている人と人とを含んだ全体を称してだな、生産関係というんだが、スターリンの場合には人と人という、こういう担い手、実体をぬきにしちゃって、この関係そのものを生産関係というふうに理解しているわけだ。こういうのを生産関係の単なる関係概念化という。そういうつかみ方ではなく、関係を担っている人間、実体をも含んだ本質的な概念として生産関係を僕たちは理解しなきゃいけない。

他方、生産力とは一体何なのか。スターリンによれば「自然と人間との関係である」と、こういうふうに言っている。しかし、さっきも言ったように「自然と人間との関係」とは技術的関係なんだよ。そうじゃなく、関係をさらにだな、その関係のなかでどのように人間あるいは社会が自然をコントロールするかの度合、つまり人間ないし社会による自然の支配の度合、水準、これが生産力という概念によって表現されるわけだ。生産力が高まったかどうかというのは、要するに人間による自然の支配の度合がどれだけおこなわれたか、しかしこれはどういうふうにして測るかというならば、それは結局において、つくられた生産物の質と量の分析を通して、逆におし測るより以外にない。

一般に、力があるかどうかというのは分かんないわけだよ。へなへなっとした人が案外力をもってるというのは、たとえば殴られて初めて分かるということでな、力というのは、見ていただけじゃ分からない。結果を通して、コブができたということを媒介として知るわけだよな。

そういう、この論理はやはり生産力についてもあてはまるんだ。だから、たんに「人間と自然との関係」そのものをあらわすんじゃなく、どのように社会あるいは人間による自然の支配がおこなわれているかという、その水準をあらわすのが生産力だ。

ところで、この生産力は結果、生産物の質と量とを通して測られるんだが、この生産力が実現するためには、あるいはその生産力が実現する場所が何なのかといったらば、さっき言ったように労働過程なわけだな。労働過程というのは三つの契機、労働者と手段と対象の三つの契機によってなりたち、それらの交互作用によって、たとえば人間が金槌を持って材木に働きかけるというような、そういう全体の関係を通して人間労働がおこなわれる。そして、そこに生産力が成立するわけだな。だから、そういう生産力を実現するために不可欠な物質的なものを生産諸力と呼ぶ。あるいは生産力の実体と呼ぶ。この生産力がそれを通して実現されるところのもの、つまり労働過程の三つの契機となるものそのものが同時に生産力の実体をなすわけだな。ところが、スターリニストの場合には生産力という概念も生産諸力という概念も区別しないわけだ。で、生産諸力というのをたいていぬかしちまう。そして生産力、生産力でおっぺしちゃう。そうするとだな、こういう理論がでてくるんだな。「生産力が発展すれば社会が発展するんだ」と。実際、マルクスにもそういうことがいくらも書かれているけどな。そうすると、生産力それ自体の階級性の問題がぬけてくるんだよ。

具体的な例でいうならば、資本主義社会における生産力というのは資本の生産力として現象するわけだな。すなわち、生産手段というのは資本家の私的所有物で、これは不変資本として機能する。これにたいして生産の主体的契機としての賃労働者というのは一応人格を認められていて、いわゆる労働市場において資本家が他人、労働者から彼の労働力を買って、そしてその代わりにお金を払う。買われた労働力が生産過程で消費される。買われた労働力が生産過程で消費されると、消費される場合には、これは資本の一つの現実的なかたちとして機能するわけだな。賃労働者の労働力というものは、この労働過程という労働力の消費過程においては資本の現実形態として機能する。つまり可変資本というような規定を受けるようなものとして機能するわけだな。そのようにして、そこに成立する生産力も資本の生産力として現象するわけだ。だから、生産力というものそれ自体が生産関係の側からの規定を受けている。生産力は生産力であって、生産関係は生産関係だ、というふうに考えちゃいけないんであって、生産力というものは生産関係の性格を刻みこまれる。いま言ったのは内的構造がそういうことであって、生産力といえども資本の、資本主義社会においては資本の生産力として現象するわけだ。

だから、たとえば『賃労働と資本』の或る場所にこういう言葉があるんだな。「社会の生産諸関係は、生産諸力の変動・発展とともに変動し発展する」と。これはそれ自体として間違いじゃないんだけども、これを逆にとってな、「生産諸力の発展とともに社会の生産諸関係も発展・変動する」と、こういうふうにまず言い換える。そして、これを今日の社会にあてはめる。「生産諸力の発展、つまりオートメーションのような具合にどんどん、どんどんあいう機械によって発展してくるならば、社会の諸関係も発展・変動し、社会主義になる」というようなのがでてくる。これはどこが間違っているかというと、生産関係による生産場面への逆限定、つまり資本の生産力として資本主義社会における生産力は発現するんだ、ということを忘れてしまう。

いいかえるならば、生産力それ自体の階級性、この問題をぬかしてしまうから、生産力あるいは技術の発展とともに生産諸関係の変革が、社会の変革がおこなわれるというふうに直接いっちまうわけだな。これは第二インターナショナルの社会改良主義の理論であるわけだな。そういうことのちょっとハイカラな学問的な装いを凝らして立ち現れたのが構造的改良派、つまり資本にたいして労働者の要求を突きつけてだんだん、だんだん生産関係を変えていく、そうすればいずれは社会主義になるだろう、というやつがでてきているわけなんだけども。この辺は国家論の問題にもつながってまた後でやるにして、とにかく今ここで頭につっこんでおくべきことは、生産力それ自体が階級性をもつんだ、と。

かつて、いま代々木の提灯持ちをやっている豊田四郎という人がいるんだけれども、彼は「原子力は生産力ではない。なぜなら、あれは破壊力であるから」(笑)、こういうことやってんだな。そういう、原子力が資本主義の社会において破壊力として現象するというような具合にすら理解できない。『ドイツ・イデオロギー』においては、生産力が資本主義においては破壊力となるというようなことが書かれているけれども、そういうふうな生産力そのものの階級性の問題をぬかしてはならない。これをぬかすやつ、生産力の階級性をぬかしてしまう理論のことを「生産力理論」と呼ぶんだな。生産力理論というのは生産関係の問題をネグっちゃって、生産力が発展していけばそれに対応して社会も発展していく、というふうにとらえる理論のことをいう。

だから、今日のスターリニストの教科書を読んでごらんなさい。生産力にね、資本制的とか資本主義的とかという限定がみんな無いんだよ。「社会の生産力」というふうにみんななっているんだな。社会の生産力の歴史的発展によって原始共産体からだんだん、だんだん社会主義にいく、というかたちに展開されている。これは、生産力そのものの階級性をぬかした結果としてうみだされてきたやつを、さらに何とか辻褄を合わせようとしてつくられてきたものなんだな。これは、とくにコンスタンチーノフなんかの、大体一九五〇年以後ごろからのソ連の史的唯物論につらぬかれている共通の特色なんだな。そういうふうにやってはならない。

C　政治的イデオロギー的上部構造

生産力と生産関係とは、たとえば資本制生産社会の二つの契機をなすんだから、相互に資本制的という歴史的規定性をもっている。そして、この生産関係というものの集約は、ほかならぬ国家権力というものに集約されるわけだな。国家がどういうふうにできてくるかという問題にもふれなきゃいけないけれども、その前に、人間はたんに物をつくりだすだけでなく、いろいろ考えるわけだ。考えることなしには物をつくるわけにもいかない。そこで、いろいろ考えるというんだが、その考える働きのことを思考、あるいは思惟と呼ぶ。この思惟というのを時々「しすい」と読む人がいるけども、「しすい」ではないんだな。思惟《しい》、Denken《デンケン》だな。

で、考える方法のことを思考法。最近はやっている言葉に「思想方法」というのがあるんだな。俺、どうしても分かんねえんだよ。思想というのは考えた結果なんだな。考えた結果の方法というのは言葉として合わねえわけだ。これはドイツ語なんかをよく使うその人、つまり山田宗睦ちゃんが使うんだけどな。ドイツ語の動詞と動詞のこの過去分詞形を名詞化したのは分からねえ。「思想方法」というけども、「思想方法」というのはどうも俺にはねえと思うんだけども。「思想の科学」はまあ、あるかも知れねえ。つくられた思想を料理するという意味でね。だけど「思想方法」というのはどうも分からない。これは本来的には思考方法、考え方ということだな。この考えた結果のことを思想、結果というか考えたものを出した、対象化。そうだな、考えることそれ自身の前にだな、まず考える素材を輸入してこなきゃいけない。これは、反映というんだな、認識。認識したものを頭のなかで考える。そして考えたものを外に出す、これは表現というわけだな、外に出す。まあ、喋る場合には音声で発音しながらやるけれども、物の上には、紙の上には文字で自分の思想を出す、表現する、これを対象化の働きというわけだな。

意識の内部でいろいろ考えたことを客観的に出す、出したもの、これを意識形態と、こういうふうに呼ぶ。この意識形態のことを別の言葉では観念形態ともいうし、あるいはイデオロギーと呼ぶ。意識というのは対象化されなければその内容は分からないけれども、対象化された、出された、発現された、外に出された、客観化された意識の内容を意識形態というんだな。意識と意識形態とをごっちゃにしてはならない。

たとえばルカーチの「組織論」というのをあわてて読んでだな、「共産党というのは階級意識の独立した形態である」と、こういうふうにやるわけだ。* そうするとだな、「意識の独立した」というのは同時に対象化した、対象化したからプロレタリアの意識から独立することになるんだけども、直接的には「プロレタリアの意識の対象化された独立した形態」というのはイデオロギーなんだよ。プロレタリアのイデオロギーであり、その集約としてのプロレタリアのプログラム、綱領であるはずだな。党ではないんだよ、直接には。党というのは、ほかならぬ革命的プロレタリアという、そのものを含んだその政治的結合体をいうわけだろ。実体、革命的プロレタリア、それを含んだ政治的な集団のことを党というんで、実体を含んだものなんであるにもかかわらず、ルカーチは、当時の一九二三年のルカーチは、観念論、まあサンジカリストとしてのルカーチからマルクス主義者たらんとしたルカーチへのそういう過渡期に書かれたものなんだが、その過渡期に書かれた組織論をだ、直接無媒介的にやるもんだから、「階級意識の独立した形態が党である」というと党が意識の対象化形態として浮いちゃうわけだな。こういうのを党の観念論的規定というんだが、まあ、とにかくそういうルカーチのを無批判的に剽窃してくる、剽窃まではいかねえんで丸写しだ。

＊　武井健人の『前進』第一三三号掲載の雑文。『日本の反スターリン主義運動 2』（こぶし書房）三五〜三六頁参照。

ということはだな、意識とその対象化形態としての意識形態との関係、そしてその意識形態をさらに物質化する。たとえば法の場合をいえば分かるけれども、法的な意識をだな、法律の法な、法的な範《のり》だ、それを成文化すると法律というものになるわけだな。しかし、それをさらに物質化して、取り締まりをやるためには警察、裁判所なんていう、そういう物質的な機構までもつくらないと実現できないだろ。その点をだな、よくつかむ。意識とその対象化形態としての意識形態、さらにそういう意識形態を物質化したところの諸制度、『社会観の探求』〔増補新版『社会の弁証法』〕のマドの一〇六か一〇七あたりにそのことが書いてあるけれども（マドというのは上っ側にあるゴチックのでっかいやつだ）、一〇六ないしは一〇七に書いてあるから、その近所を読む。そういう構造をまず理解しなきゃいけない。

人間意識とそれがうみだした観念的な諸形態とのすべてを上部構造としてわれわれはとらえるわけだな。ところで、上部構造、下部構造という言葉がしばしば使われる。そしてその内容というのは、簡単にいって下部構造というのは経済的な土台ともいわれ、あるいは社会的諸関係ともいわれる。そして上部構造というのは、そういう意識およびその産物、対象化された産物、道徳・宗教・哲学云々と、そういうものの全体を上部構造というふうにいうんだが、これは建築の構造からの比喩として使われたんだ、最初は。マルクスが『経済学批判』の「序文」において、生産諸関係、経済的な関係が社会の本当の基礎をなすんだ、そしてこの基礎のうえに意識およびその諸形態がそびえたつ、そして、これは下部の生産諸関係に規定されるんだ、というようなことを言ったわけだな。この「序文」においては「経済的な諸関係が社会の基礎をなす」ということを言っただけで、「建築の土台となる」、あれと同じようなもんだと言っただけで、ここでは経済的土台というのは一つのカテゴリー、概念としてはとらえられていなかったわけだな。そして「上層建築がそびえたつ」というふうにいっても、それは比喩として使われていたわけだ。

ところが、スターリンの段階になると、この比喩であるということが忘れてしまわれて、経済的土台というものがカテゴリー化され、他方、上層建築あるいは上部構造というものも一つのカテゴリー化される。そうすると同時に、その内容的な把握がぬけおちてくるから、土台と上部構造と、こういうようにおいて、下がぶっ壊れれば上もぶっ壊れると、こういうかたちで一対一的に対応させた史的唯物論の歪曲が一九五〇年におこなわれた。これは『マルクス主義と言語学の諸問題』、さっき言った『弁と史』という国民文庫の中に付録として入っているから、あれで読んでほしいと思うけども、そういう歪曲がつくられてくる。もちろん、われわれは、それが建築からの、建築の構造からの比喩であるということを理解しているならば、決してそういう概念を間違って使うということにはならないわけだな。ところが、比喩であるということを忘れてしまうから、内部構造を捨象してその概念のいじくり回しに陥没していってしまうわけだ。

そういうイデオロギー［Ideologie］というもの、あるいは「観念形態」とも訳され「意識形態」とも訳されるが、そういうイデオロギーというものはつねにかならず経済的下部構造によって規定されるんだが、しかし逆に、イデオロギーが経済関係を規定しかえす場合もあるわけだな。さっき生産力と生産関係のことについて言ったように、生産力の発展にたいして生産関係が変っていくんだけども、逆に、変った生産関係が生産力を逆に規定していく。それと同様にだ、基本的には経済的諸関係によってイデオロギーの歴史的独自性は規定されるんだが、うみだされたイデオロギーは相対的に独立性をもって逆に規定していく。たとえば、マルクス主義というのは十九世紀のあの政治経済的な状況のもとにうみだされた世界観であるけれども、この世界観がひとたび形成され、それが階級闘争の歴史的発展に媒介されて進化していく、この媒介をぬきにするとだな、まずいんだな。理論は一人歩きするわけではなく、たえざる歴史的発展に媒介され、歴史的発展に媒介されながら発展してプロレタリアの武器として磨かれていくわけだが、そしてそれが革命のために役立ち、そして資本主義社会を変革するまでに逆限定をおこなっていくわけだな。

そういう、イデオロギーの相対的な歴史、『ドイツ・イデオロギー』を読む場合の注意として簡単にいっておくけれども、「イデオロギーはそれ自体の歴史をもたない」ということは、自己運動するわけではない、だが歴史の発展に規定され相互の関係を通して歴史的に発展することまでをも否定しているわけではないわけだな。この点は、まあ、イデオロギー論の問題として個別的に考えてほしい問題だな。これは『社会観の探求』の終りの方のマドの一二七、八、九あたりを読んでもらえばいい。

階級社会と国家の問題

こういう経済的諸関係のひとつの集約として、イデオロギー論、上部構造論の一つの問題として国家をどう理解するかという問題があるわけだな。国家は、レーニンにいうならば、「支配階級がみずからの地位を保つ、あるいは非和解的な階級的な対立の産物なんだ」というふうにとらえ、それで「国家とは暴力装置だ」というふうに規定している。これは、たしかにそれはそうなんだな。しかし、なぜそういう暴力装置が必要になったか、あるいはそういう暴力装置はどういうふうにしてつくられてくるのかという、そういう構造もわれわれはつかみとらなければいけないわけだ。そういうところの問題にかんしていうならば、すでにマルクスが社会の階級分化、階級分裂という問題からそういう国家の問題がうみだされてくる、と。

この点を理解するために、やはり生産過程そのものの問題からつかみとることが絶対に必要だ。さっきも言ったように、社会は人間と自然との働きかけと人間と人間との働きかけ、交互関係によってつくられてゆくことを言ったな。ところが、階級社会というふうになると、人間関係の方が分裂すると同時に人間による自然への働きかけのかたち、歴史的形態がいろいろ変ってくる。まあ、これは奴隷労働、農奴労働、賃労働というのが疎外された労働の三大形態というふうにいわれるけれども、この歴史的な三つの形態が発生してくる。そういう形態を固定化しようとする。

たとえば奴隷制社会なら奴隷制社会で、奴隷の場合にはあれは人間として扱われず生産手段、一つの生産手段、モノとして扱われたわけなんだが。賃労働者の場合には労働力をモノとして売るんだけれども賃労働者それ自体がモノ扱いにされているわけではなく、憲法の前で「自由

・平等」の保証がなされている。そういうこの、ハイカラに搾取されているわけだな。だから「賃金奴隷」という言葉を使うんだ。もう一つ、農奴労働という場合にはどうかというと、これはいわば自分自身の直接的な生産手段、つまり農具それから牛なんかの、鶏とか、それから兎とかそういうものは農奴自身の私的所有物だけども、ほかならぬ農業生産がおこなわれる場合の最も大切なもの、大地、土地、これは封建領主の私的所有物になっているわけだな。それが農奴制労働なんだが。

そういう階級社会の三つの形というんだが、この三つの階級社会における奴隷労働、農奴労働、賃金奴隷労働、この三つの形によって奴隷制社会、封建制ないしは農奴制の社会、そして資本主義社会というのがなりたっているわけだ。この三つの社会というものにも、それぞれ独自的な国家というものがうみだされる。国家というのは、そういう奴隷を奴隷としてつなぎとめ、農奴を農奴としてつなぎとめ、あるいは賃労働者をいつまでも賃労働者としてつなぎとめ支配し、それをうまくやっていくためにつくられてくるわけだ。

このような状態におかれているのはしんどい、これはおかしいというふうに気づかないようにする、あるいは、気づいておかしいというんで暴れだすというのには鎮圧する必要がでてくるわけだな。そういうふうな利害の対立からでてくる衝突、支配する者と支配される者とのあいだに発生する利害の対立、これをうまくスポッとぬけるような恰好にするためにだな、つまり支配階級がみずからの支配を貫徹するためにうまくやるための手段として国家がうみだされるわけだ。

資本主義社会に［ついて］、初歩的に考え、マルクス主義のなかに入ってこようとする寸前の人たちと討論する場合によくでてくるわな。「やっぱり警察がないと泥棒が入るんじゃねえか」と。「だからやっぱり警察も必要なんじゃねえか」という、本当の常識的な質問をだす場合もあるわな。実際にそういう意味においてだな、ブルジョア的な自由、ブルジョア的な私有財産、それを擁護するためにそういう警察なんかはあるし、私有財産という点に目を向けるならば自分の私有財産を守ってくれるから警察も役に立つという場合もあるわけなんだが。しかし、そういう警察というのの本来の機能というのは、ブルジョア支配階級がみずからの支配を長く持続させていくための一つの手段としてああいうものをやってるわけだな。

大体、支配する場合にだな、暴力的にやったらば、直接的暴力的にやったらうまくいきっこないんだ。始終いちゃもんをつけられたり、ごちゃごちゃが起こったりする。だから、支配階級というのはつねにムチとアメという両方の手を使い分けるわけだな。今日では福祉国家というかたちで、ルンペン・プロレタリアートないしは、何というかな、失業者というのにたいしては失業対策とか、それから社会福祉のいろいろな法律をつくってだな、彼らが暴動を起こさないようなかたちでうまく、うまくでもねえけども、アメ的なものを流してるわけだな。そういうふうな、自分たちが住んでいる社会はあたかも自分自身の社会である、自分が支配されているんではなく自分自身の社会でもあるんだというように見せかける、思いこませるために、国家のさまざまな機能が演じられるし、今日ではマスコミなどを通してだな、「日本国家は諸君のものだ」というかたちの宣伝がおこなわれるわけだ。しかし、国家の本質というのは、支配階級が自分自身のやりたい放題のことをだな、うまくやれるようなかたちで暴力をも使う、そういうものを背景にしたかたちで準備してるわけだな。

だから、われわれとしては、たとえ「お巡りさんは泥棒、私有財産の侵害を防衛してくれるからいいもんだ」というようなところにとどまるんでなく、あれはほかならぬ大ブルジョアジーの私有財産の憲兵だということをな、守るための憲兵だということをはっきりつかまなきゃならない。実際、諸君がデモに行ったらポカチンとやられる、と。そうすると、「このヤロー」と思ってお巡りにとってかかるけど、あれはもうほんの先端部分なんだよね。(笑) 実はそういうことを忘れちゃってね、デモに初めて行った場合なんかすぐ、こう、しゃくにさわるんだよ、実際のところな。それでお巡りについて「バカヤロー」ていうんでパーンと殴り返すとパクッてやられちゃうから（笑）、その点をよく注意する、と。

とにかく国家権力の一つの発動、現象形態としてあれをとらえなきゃならないし、われわれは、ああいうものが直接の敵であるわけではない。ああいうものを通してだな、ブルジョア的な政治経済機構の本質を認識していかなきゃならないわけだ。そして、われわれとしてはそういうブルジョア国家権力に集約されているところの資本主義社会の搾取の固定化、これをどんでん返しするための闘いをやらなければならない。

この前もいろいろ、マルクス主義とは一体何なのかということで、われわれの理論がプロレタリアートの自己解放の理論である、なぜマルクス主義を主体化しなければならないかということを喋ったので、その点についてはきょうはやらない。今いろいろ喋ったことをだな、総括的にもう一度別の角度からくり返して、簡単にくり返していきたい。

で、『マルクス主義の形成の論理』を持っている人は一〇〇頁を開いてください。……［ここでテープが途切れている。以下は、最後の部分である。］

……話の内容が史的唯物論のほんのイロハ的な事柄にかかわっている。しかも、それは一般的な生産力と生産関係の問題を中心にしたことしか話せず、とにかくいま諸君の関心の中心となっている日韓会談反対闘争なら日韓会談反対闘争にたいしてどういう方法論をもって臨むか、こういう一つの日韓会談反対闘争にかんする方針というようなものを提起する場合にさえも、革命論というものがスターリニストとわれわれとのあいだでは決定的に違っているし、「反スタ」を自称している者たちのあいだですら食い違っているわけなんだ。

だから、そういう革命論というようなところまでずうっと、イロハ的な事柄それ自体を革命論のところまで展開していかないと直接日韓会談の問題についてはいかないわけなんだが、さしあたりここでいま問題となっている「反帝」イズムとかなんとかって変なのがでてくるな。「俺たちは帝国主義にたいして最もよくたたかっている、そういう俺たちにたいして「反帝」イズムというレッテルを貼るのはお前たちが反プロレタリア的になったからだ」、こういう居直り的な反批判をおこなうような人がだな、いるわけだよ。そもそも、そういう人は、われわれが「反帝」イズムというような概念をつくったことそれ自体も理解してないってことを、またもや自己暴露したわけなんだが。そういう、十分な時間がないので喋れないけれども、とにかく日韓会談反対闘争の方法論というかな、そういうような問題にかんして若干ふれていきたいと思う。たんにこれは日韓会談の問題でなく、今後起こるであろういろいろな闘争にたいするわれわれの切りこみ方というか、そういう戦略・戦術の提起のしかたという、そういう方法論的問題について一般的なかたちで述べていきたいと思う。

従来、「戦略・戦術」という言葉が分からない人がいると思うけども、戦略・戦術というのは軍事科学の言葉からでてきてるわけだ。まあ、「大戦略」とか「小戦術」とかいうような言葉もうまれているけども、遠い、あるいは広範囲なような場合の、まずアメリカ帝国主義がソ連を攻める場合にどこどこにミサイル基地を設定し、そしてどこからどういうふうにやればどこの工場がいちころになるかというようなんで、いろんな飛行機の配置なんかを考える。それから、そういうでっかい戦いにたいして局地戦をどうするかというような、そういう軍事科学の言葉から戦略・戦術という言葉が革命論のなかに入れられてきたわけだ。

この戦略・戦術という概念はレーニン以後使われているわけなんだが、この内容というのもまた、われわれとスターリニストとは違う。スターリンの場合にどういうように解説しているか。これは、たとえばスターリンが書いた『レーニン主義の基礎』（国民文庫にあるけれども）、そんなかに戦略問題、戦術問題というのがあるし、そのなかに彼の特徴づけが書かれているからそんなものを見てほしいと思うけども、要するに簡単にいうならば、革命をやっていく場合の長期的展望をうちだすのが戦略であり、当面の短い期間に有効な方針をだすのが戦術である、と。大雑把にいえば、そういうような時間の長短で区切られているわけだ。

ところが、もちろん、そういうようなことも一つの現象としてあるけども、なぜそういう長短になるかというならば、戦略というのはもともとプロレタリアートが実現せんとしている本質的な目標、そういう目標をあらわすからそういうやつは簡単にはいかないという意味で時間的に長くなるし、戦術というのはプロレタリアが今どうたたかうかという当面の闘争方針という意味においてだな、短い時間ということにもなるわけだが、そしてこれは時間の長短ということだけでなく、戦略と戦術が別のものであってはならないわけだな。戦術はつねに戦略的な課題へプロレタリアートを高めていくための方針であって、戦術と戦略とがまったく切り離されてはならない。これが切り離されると、戦略という、プロレタリア、本当の革命的プロレタリアートだけが理解し、そしてその実現のためにたたかうようなものだけをだすのを最大限綱領主義と、こういうふうにいうわけだな。これに反して、当面の改良的要求を自己目的に提起するのを改良主義というふうにいうわけだな。これを、戦略と戦術とを二つに分けちゃってそのつなぎをつけないのが第二インターナショナルの社民の伝統的なやり方であるわけだ。

それで、こういう区別のほかに、さらにスターリンの場合には二段階戦略というかたちでだな、「後進国ないしは中位の資本主義の発展国においては、まずブルジョア民主主義革命をやって、それから社会主義革命にいくんだ」というような理論に、プロレタリア革命の理論が分断されてくわけだな。もちろん、彼らは分断されていないでつながってるというふうにいう。「ブルジョア民主主義革命からプロレタリア革命への強行的転化」と言ったり、「ブルジョア民主主義革命」あるいは今日では「民族民主革命からプロレタリア革命へ」というようないろいろなことが言われるけども、とにかく、実質上は二段階戦略というふうにいわれているわけだ。

……〔ここでテープが終っている〕

（一九六三年五月二十六日）

『ドイツ・イデオロギー』入門

きょうは、『ドイツ・イデオロギー』という本を中心にやっていきたいと思います。

この『ドイツ・イデオロギー』というのは、いうまでもなく若きマルクス、つまり一八四五、六年のマルクス・エンゲルスが、ちょうど二十六、七歳の時のマルクス・エンゲルスがノートとして書き、そして彼らが生きているときには印刷にならなかった。ようやくこれが印刷になって発行されたのがロシア革命以後の一九三二年*だと思ったがな、その近所にようやくロシア語で初めて発刊され、そのあとでドイツ語版が出たという歴史をもっているわけだ。

＊『ドイツ・イデオロギー』は一九三二年にロシアにおいてアドラツキー編で発刊。なお一九二六年にリャザーノフ編で「フォイエルバッハ」の部分のみが発刊されている。

一八八八年のエンゲルスが書いた『フォイエルバッハ論』、通称『フォイエルバッハ論』、本当の名前は『フォイエルバッハとドイツ古典哲学の終結（あるいは終焉）』……［テープが途切れている］……論文、『フォイエルバッハ論』を書くにあたって「私たちマルクス・エンゲルスが若い時代に書いたノートを参照にした」という言葉があるけれども、それはほかならぬこの『ドイツ・イデオロギー』という原稿を指すわけである。これを原稿として書いたけれども、これを「鼠による批判」つまり原稿をぶすぶす、ぶすぶす鼠に嚙ませるというように放ったらかしておいた、というような言葉は非常に有名なわけだな。

この『ドイツ・イデオロギー』というやつは、一体なぜこういうふうになっているのかということについて、まず念頭においていきたいと思う。

『ドイツ・イデオロギー』というのは「ドイツの観念形態」という意味をもっていると同時に、「ドイツの嘘っぱちの、虚偽の観念形態」という、そういう二つの、二重の意味をもっている。直接的には、ドイツの観念論はこれはおかしいんだというかたちにおいて批判をおこない、一般にイデオロギーとは何であるかということを明らかにしようとするのが、この本の意図であるわけだ。今日『ドイツ・イデオロギー』というふうに呼ばれている本、たいてい文庫版なんかは、『ドイツ・イデオロギー』としてマルクス、エンゲルスが一緒に書いた大きな本のほんの一部しか文庫版には入っていないわけだ。全訳というのは、ナウカ版のやつがいま出てるにすぎない。しかし、いずれ近いうちに『マルクス＝エンゲルス全集』というものの第三巻として全訳が出るはずになっている。去年〔一九六一年〕の十一月に出るわけだったけどまだ出てないらしいけども、これは非常に翻訳が難しいわけだな。

まあ、とにかく、現段階でわれわれが読めるものというのは、要するに、文庫版に入っているところの、一番中心をなしている「フォイエルバッハ」という項目のもとにまとめられているところの唯物史観の基本的な考え方。「フォイエルバッハ」論というやつのところで述べられているのは、「マルクス・エンゲルスの新世界観の確立」、大月書店なんかで出ている『マルクス＝エンゲルス選集』第一巻［一九五〇年刊］の表題、『マル＝エン選集』第一巻には「新世界観の成立」という帯がついていて（帯ってのはこういう下っ側に、腰巻きだ）、そこに「新世界観の成立」ということが書いてあって、そこに象徴されているところのものが『ドイツ・イデオロギー』に書かれているわけだ。

ここのところにいろいろ題がつけられているけれども、このほとんどのすべては、マルクスの、エンゲルスの草稿を検討したリャザーノフおよびアドラツキーという、そういう人たちの研究の結果としてこういうかたちにまとめられているわけだ。リャザーノフが一番最初にやった場合には、こういう、今日われわれが読むかたちではなされていない、全然別のかたちで編集されている。これは戦争以前に岩波文庫から出た三木清訳の『ドイツ・イデオロギー』［一九三〇年刊］、戦前に出た『ドイツ・イデオロギー』、こいつはリャザーノフ版にのっとってやられているわけだけども、今日われわれが手にすることのできるナウカ社版、それから国民文庫、岩波文庫そして『マル＝エン選集』というやつに載っかっているのは、アドラツキーという人が独自的に編集したものである。

リャザーノフとアドラツキーの編集のしかたというのもかなり違っているばかりでなく、今日のわれわれとしても、これを別のかたちに編集しなおす必要があるというふうに僕は考えていて、おととしあたり、そういう黒田版『ドイツ・イデオロギー』というやつを書く予定だったけども、未だに書いていない。今日また、こういうところで、口で黒田版『ドイツ・イデオロギー』というやつをやろうと思ってるわけだ。

I　マルクスの思想形成における位置

A　唯物史観形成の背後にあるもの

さて、この『ドイツ・イデオロギー』というものを『マル＝エン選集』の第一巻というふうに位置づけていることそれ自体の問題から、まず入っていきたいと思う。

たしかに、『ドイツ・イデオロギー』においては、マルクス・エンゲルスの新しい世界観、新しい社会の見方、歴史の見方、これをそののちは唯物史観、唯物史観あるいは史的唯物論

――そこはどこが違うかということは後で説明するとして――、そういう社会、歴史の新しい唯物論的な見方としての唯物史観が、この『ドイツ・イデオロギー』の冒頭で展開されているわけだ。そういう積極的な展開がなされ、その後で、当時のニヒリズム、聖《セント》ブルーノ・バウアーとかあるいはシュティルナーとか真正社会主義というような当時のエセ社会主義、社会主義をいいながら実は社会主義ではない、そういうものの批判を展開していくわけで、この展開の前提として、批判の武器を鍛えあげるということが初っ端に書かれているところの「フォイエルバッハ」。ドイツの観念論的な見方を批判し、そして将来の共産主義とは一体何なのかというところまで展開されているのは、そういうドイツのニヒリズムにたいする批判であるわけだ。

ところで、なぜここで、フォイエルバッハについてマルクス・エンゲルスが批判をおこなったか。

一般に、ドイツの観念論という場合には、カントを始祖としフィヒテ、シェリング、ヘーゲルというかたちで展開されているのを、ドイツ観念論というふうにいわれているわけだな。これはどういうことかというと、フランス革命は現実においてブルジョア革命をやったんだけども、後れたドイツは現実に革命をやるのではなく頭のなかで革命をやったんだ、そういうふうにしてとらえ、これをマルクス・エンゲルスは「フランス革命の後れたドイツにおける理論版」というようにとらえたわけだ。このことは、岩波文庫の場合には「フォイエルバッハ」の次に少し抜粋が載ってるわけなんだが、その中にあるはずだ。そういうドイツの観念論、カントからヘーゲルにいたるドイツの観念論にたいする全面的な批判というのは、ここではなされていない。

むしろ、そういうドイツ観念論の展開を通してでてきたところのヘーゲル主義、このヘーゲル主義を擁護する、それ自体として擁護するというのが老ヘーゲル学派、右翼ヘーゲル学派という。これにたいしてヘーゲルの哲学を左翼的に理解し、ヘーゲルの哲学をドイツの現実に実現せんとする立場をとったのが青年ヘーゲル学派、そういう小ブルジョア急進主義という立場をうちだしたのが青年ヘーゲル学派であったわけだ。この青年ヘーゲル学派にあたる者がフォイエルバッハ、マルクス、シュティルナー、ルーゲ、そういう人たちね。フォイエルバッハ、マルクス、シュティルナー、ルーゲ、ブルーノ・バウアー、そういう人たちは、ヘーゲルの哲学を左翼的に理解し、それをドイツの現実へ実現していこうという急進的な立場をとったわけだ。

ヘーゲル「国家哲学」との対決

若きマルクスも、依然として彼はヘーゲル哲学を大学で学んだ。とくに彼は法科の出身だからヘーゲルの『法の哲学』というやつに興味をもっていたわけで、それにたいする対決をマルクスはやっていった。たんに学問的に批判するだけでなく、後れたドイツの現実との対決というものを通して、ヘーゲルの哲学の批判的改作をおこなっていったわけだ。その場合、『ドイツ・イデオロギー』の全体の目次を見れば分かるんだけども、典型的に、たとえばシュティルナー、ニヒリストの元祖みたいに扱われている〔彼の〕『唯一者とその所有』というような本（これは岩波文庫で出てるけども）、「唯一者」というのは、とにかく単独者、自我の個人だな、この翻訳では「我輩」とか何とか訳してあるやつだ。そういう単独者、そういう実存という問題を問題にしたわけなんだけども、その展開のしかたはヘーゲルの歴史哲学をそのまま引きうつしたかたちでやっている。これじゃいけねえんじゃないか、というのがマルクスの問題意識であるわけだけども、ここに到達するまでには、しかし、かなりの理論的な苦闘をともなわざるをえなかったわけだ。

簡単にいうならば、マルクスは一八四二年に『ヘーゲルの国家哲学批判』というものを、ノートを書いた。これは、大体、今日残っているのは残念ながら国家論にかんする部分しか残っていない。ヘーゲル体系の一番終りの方だな。ところが、当時のマルクスは、いろいろ推測するとそんな終りの方だけでなく全体にわたってやったらしい。とくに『法の哲学』の第三部をなす「人倫」、「倫理」だな、「人倫の体系」というやつ、これは「家族」「市民社会」「国家」、こういう三つのものからなりたっているんだが、この「家族」というのは原始共産体にあたり、「市民社会」というのは階級社会一般にあたる。これは、「市民社会」というのはブルジョア社会 bürgerliche《ビュルガリッヒェ》 Gesellschaft《ゲゼルシャフト》 ということで、ブルジョア社会、資本主義社会であるはずなんだが、しかしヘーゲルにおいては、ブルジョア社会がスミスと同様に永遠的な秩序、社会の永遠的な秩序というふうに考えられていたわけだ、ブルジョア社会が。だから、前近代的な社会もまた「市民社会」のもとに包括、「市民社会」という概念のもとに含んでとらえられていて呼んだわけだな。だから、「家族」「市民社会」「国家」というふうに展開されるヘーゲルの「人倫の体系」は、原始共産体から階級社会へ、そしてこの階級社会が国家においてアウフヘーベンされる、階級社会の矛盾が国家において解決される。まあ、解決というぐらいでいいわ。

ヘーゲルが国家という場合には、しかし、われわれが想い描いているところのプロレタリア国家、労働者国家ではなくして、絶対主義国家、そういうものをイメージとしてヘーゲルは基礎づけたわけだ。そういう、フリードリッヒ大王なんかのやつかな、そういう絶対主義国家をヘーゲルの国家論の、ドイツの絶対主義国家のかたちがヘーゲル国家論の基底に、底にある現実的な基礎なんだ。矛盾は市民社会、ブルジョア社会がうみだしている。ようやく当時、それが書かれた一八二〇年代以後においては、リヨンの暴動［一八三一年］とか何とかはじまって、フランスにおける階級闘争、プロレタリア階級闘争が次第に高揚しはじめた時代だが、そういうプロレタリアと階級闘争の矛盾を、ヘーゲルは絶対主義国家、その内部で解決しうるというふうに考えていたわけだ。しかし「これはごまかしだ」というようなことをだ、マルクスはさっき言った一八四二年の――これははっきりした日付が分からないんだ、大体四一年から四三年頃のあいだに書かれたということが分かっているだけで明確には分かんないけども、僕たちとしては大体四二年というふうに考えていっていいと思うけども――、この四二年に『国家哲学批判』、そういうヘーゲルの哲学にたいする批判的評註をおこなったわけだ。

この批判的評註をおこなった場合のマルクスの立場は一体何であったかというならば、これは、マルクス主義の立場ではなかったわけだな。明らかにフォイエルバッハの唯物論の立場にたっていた。フォイエルバッハの唯物論、フォイエルバッハにもまた『ヘーゲル哲学の批判』

という論文がある。非常に難しいけども、これは岩波文庫で一つ星で出ていますけども。このフォイエルバッハのヘーゲル批判、これは要するに、「ヘーゲルにおいては主客が転倒している」、「われわれは客観的なもの、現実から出発すべきであるにもかかわらず、ヘーゲルは主観の方から展開している、意識の方から展開している」、「主客が転倒している」、論理学の言葉で言うと「主語が述語になっている、述語が主語になっている」というような批判をおこなった。このフォイエルバッハの批判、ヘーゲルにたいする批判、これを一つの基準としながら、ヘーゲルにおける主体と客体との転倒［を暴きだした］。

本来は軸となるべき客体の方、物質的なものを主観から導きだす、本来は、これはまた後で説明するけどもね、本来は客体、物質的なものから展開すべきであるにもかかわらず、ヘーゲルは意識、主観の方から何でも説明してしまう、これは観念論的な逆立ちだ。ヘーゲルにおいては、原理が「絶対的な精神」というふうにとらえられているけども、そうじゃなく精神の以前に感性、感覚といってもいいが、感性の方が大切なんだというかたちの批判をフォイエルバッハがうちだしたんだけども、その立場にマルクスはたっておこなった。

マルクスがそういうフォイエルバッハの立場にたちながらヘーゲルの『法の哲学』にたいする批判的評註をやっていたその当時、同時に、フォイエルバッハが『キリスト教の本質』というでっかい本を書いたわけだ。これは今日、岩波文庫に上下二冊で翻訳されている。非常に難しい。こてこて、こてこてして僕も読んでないんだ。その『キリスト教の本質』というやつは、なにもキリスト教とは何ぞやということが書いてあるんではなく、キリスト教とはいかにデタラメかということが書いてあるわけだな。唯物論的批判の一つのかたちとしてでているわけだ。そういうフォイエルバッハによるキリスト教の批判というものに、マルクスもエンゲルスも非常なる共感を覚えた。そういうふうなヘーゲルの『法の哲学』の終りの方にたいする批判、これは日本訳では、『マル=エン全集』の第一巻で「ヘーゲル国法論批判」、国家の法だな、「国法論批判」というふうに載っている。これはリャザーノフがつけた名前であるけども、僕はこれを採らない。たんに法律を批判したわけでなく、ヘーゲルの国家の問題について批判をやったから、僕はやはり、ランツフートというおじさんに従って『国家哲学批判』というふうにやった方がいいと思うから、『マルクス主義の形成の論理』でも僕は『ヘーゲル国家哲学批判』というふうに表現し、リャザーノフの『国法論批判』を採らなかったわけだ。

そういうふうなのをやると同時に、主語、つまりわれわれが考える場合に主体となすべきものは客観的なものなんだということをフォイエルバッハから教わったマルクスは、ドイツの現実的な諸問題にとりくみはじめた。しかも、そのとりくみをはじめたのは、やはり、法律学者としての立場から開始したわけだな。当時のドイツというのは、そして今日においてもそうであるけれども、ユダヤ人の問題というのは非常に大きな問題なわけだ。一八四三年にマルクスが『ユダヤ人問題』というのを書いたわけだが、そしてヒットラーというのはユダヤ人問題で、ユダヤ人を迫害することをもって勢力をのばしていったってことは諸君じしん知っているだろうし、今日のフルシチョフのソ連においてもユダヤ人の迫害がおこなわれているわけだな。

ま、こういうのはともかくとして、とにかく、ユダヤ人問題というのは、日本におけるアイヌ問題とか韓国人問題とわけが違う。そういう、今日はイスラエルというユダヤ人の母国みたいなものができているわけだが、一八四三年の段階には、「ユダヤ人てえのはとにかく金儲けしやがって悪い野郎だ」というんで、とくにドイツ人というのは非常にユダヤ人を迫害した。しかし、ユダヤ人というのは相当に学問的な能力においても、そしてまた金儲けの方においても天才的な人を数多く出しているんだな。これ、なぜかということは僕は分からん。

ユダヤ人問題というやつ、たとえば早い話が、カール・レーヴィットというのはユダヤ人じゃないんだ、奥さんがな、ユダヤ人なんだよ。カール・レーヴィットというのは『ヘーゲルからニーチェへ』〔岩波書店、一九五二年〕という本を書いている人で、それで彼はナチス―ヒットラーに追われて日本に来たわけだな、おかみさんがユダヤ人で追われちゃったわけだ。で、日本に来て、東北大学で教えていたその当時に書いた本が『ヘーゲルからニーチェへ』*Von Hegel zu Nietzsche* というでっかい本なんだな。まあ、よおく、彼はノートよくとったと思うけど、日本で書いたんだそうだ。そして日本に移り住んだらまもなく日本が帝国主義になった、これはむさい、と。そして「日独伊防共協定」なあんてものが結ばれて、これはまずいというんでアメリカに逃げてった。アメリカに逃げていったけども、今度はアメリカでマッカーシー旋風というのが戦後起こった。これはむさいというので、またドイツ、母国に帰っていった。そういう悲劇的な哲学者もいるわけだな。

ま、ともかくそれは一つの話で、ユダヤ人というのはかなり学問的なのにおいても、それから金儲けにおいても、自分の国をもっていないけども、さまざまな仕事をやった。そういうユダヤ人の解放というのは一体どうしたら可能となるか、という問題にとりくんだのが、ほかならぬ一八四三年にマルクスが書いた『ユダヤ人問題』である。

マルクスのプロレタリア自己解放の思想

この『ユダヤ人問題』では、要するに、「ユダヤ人の解放とは何ぞや」と。「ユダヤ人の解放」というのは、ユダヤ人というのはお金を神様として拝んでいる、だから資本主義社会が存続、続くかぎり、やはりユダヤ人の解放、つまりユダヤ教、お金を拝むことからの根本的解放はありえない。ユダヤ人が拝んでいるそのもの、貨幣、これを絶滅することなしにはユダヤ人の解放はありえない。その意味で、ユダヤ人は、ブルジョア社会においても解放されない。根本的にはやはり、プロレタリア、その当時はプロレタリア革命とはいわない、労働者の解放、人間の解放というのと密着しなければユダヤ人の問題は解決つかないんだ、というような論文を書いたわけだ。

この一八四三年の十月の段階においては、そういう人間的な解放をうみだす主体、人間的解放をつくりだす主体、そういうものが何であるかということについて、マルクスははっきりした自覚をもってなかったわけだが。ドイツからフランスのパリに移り住んだマルクスは、当時のフランスの共産主義者――これは今日いわれている共産主義とちっと違うんだが、とにかく「資本主義社会を転覆しなければならない」というようなことをぶすぶす、ぶすぶす言いながらサロンに集まってきているわけなんだな、いわゆる社会主義者みたいな者が――、そういうサロンにおいてフランスにおける革命的な部分とつきあうことによって、かつフランスにおける階級闘争をマルクス自身がそれを見ることによって、現代革命の主体、ドイツの、後れたドイツの矛盾を解決するとともにヨーロッパの全体的な矛盾を解決する主体はほかならぬプロレタリアートなんだ、ということをつかみとっていって、さっき言った『ユダヤ人問題』が書かれてから二か月後には、ただちに『ヘーゲル法哲学批判序説』という有名な論文を書いたわけだ。

この『ヘーゲル法哲学批判序説』という論文において初めて、現代革命の主体はプロレタリアートでなければならないということがはっきりうちだされる。これは、後れたドイツの具体的な分析を、具体的といっても一定の具体的で、われわれがいう意味におけるそういう現実分析を直接やったということでなく、イデオロギーの次元における批判というものをやって、プロレタリアートが解放の主体でなければならない、と。プロレタリアートはフランスの空想主義者が考えているように救済の対象じゃないんだ、プロレタリアートは自分を自分自身で解放することをめざさなければならない。こういうことを展開したのが、一八四三年の十二月に書かれた『ヘーゲル法哲学批判序説』。名前は別にヘーゲル法哲学批判に直接関係しているんでなく、要するに、ドイツの観念論の精華としての、華《はな》としてのヘーゲル法哲学から訣別する、そういうヘーゲル法哲学のようなやり方では本当の人間的解放はかちとることができないんだということをだ、うちだしたのがその『ヘーゲル法哲学批判序説』である。

えらく美文だからね、暗記してもいいようなぐあいな文章だよな。今日では右翼だけども、亀井勝一郎という人生論者がいるでしょ。ああいうのは、昔はそういう『ヘーゲル法哲学批判序説』を暗誦して、ふわーと、こういかれてたんだそうだよ。それは彼自身の口からそういうことを言っているから事実であるらしい。まあ、「新人会」*の時代だろうからな。とにかく難しいんだけども、難しいんだけども、しかし、何となくこちらがふわふわ、ふわふわするような恰好なんだな。とくに猪木正道訳という古いのはな、かなりよく、ふわふわ、ふわふわ浮きたたされて空気が入るっていうかな、そういう翻訳だな。そういう、美文でかつ情熱に満ちあふれた論文だ。

＊　吉野作造らの指導のもとに東京帝国大学生を中心に一九一八年に結成された社会主義思想運動団体。機関誌『デモクラシー』。

この二つの論文、『ユダヤ人問題』および『ヘーゲル法哲学批判序説』というこの二つの論文は、アーノルド・ルーゲという人がつくっていた『独仏年誌』*Deutsch-Französische Jahrbücher* これの創刊号と二号のくっついたやつだな、これはそれで一回かぎりで終りになっちゃった雑誌だけども、この雑誌に二つ載っけたわけだ。そして、その雑誌にもう一丁、天使のごとき名前をもったエンゲルスというおじさんな、このイギリス［在住］のおじさんがやっぱり『国民経済学批判大綱』というのを載っけたわけだ。この『国民経済学批判大綱』というのは今日では残念ながら『マル＝エン選集』の補巻5〔大月書店、一九五二年〕に載ってるにすぎない。この『国民経済学批判大綱』という本は、要するに、イギリス古典経済学にたいする批判、価値と使用価値の問題なんかについて書かれているわけだな。だから、マルクスの二つの論文と、エンゲルスの一つの論文とそのほかルーゲなんかの書いたのが載っかって雑誌に出たわけだな。

で、マルクスはエンゲルスのものを読んで、ははーんって頭にきちゃったわけだ。俺の知らないことを言っている、と。俺はいままで法律学という、こういう次元において資本主義社会、ブルジョア社会、市民社会の問題を問題にしてきたんだけども、しかし、やはり資本主義社会の解剖学は、こりゃあ経済学としてやっていかなけりゃならないんじゃないか、というふうに直観してマルクスとエンゲルスの最初の出会いがおこなわれる。そして、エンゲルスがやったところをだな、へーゲル的頭脳でもって、エンゲルスがやったことをやったわけだ。マルクスはへーゲル的頭脳でもってエンゲルスのやった問題、つまり古典派経済学の批判をやった。これが有名な『経済学＝哲学草稿』といわれている、『マル＝エン選集』補巻4〔一九五一年〕というのに載っかっている。

最近、文庫版が出たけども訳がまたむさいな、てんでピンチだよ。この前初めて、埴谷［雄高］さんの家で勉強やってたんだけどな、それが、やったときに調べたんだけど、かなりむさいな。本当のいい訳じゃないから、そのうちちゃんと、誤植というか誤訳と訂正表というのもちゃんとつくらないとまずいんだよ。そういう『経済学＝哲学草稿』をマルクスは書いた。

この『経済学＝哲学草稿』というものの意義というのは、ヘーゲル弁証法を使いながら、駆使しながらイギリス古典経済学を批判し、そうすることによって同時に、批判の武器としてのヘーゲル弁証法がマルクス弁証法へ変っていくということだ。最初はヘーゲル的弁証法でもってイギリス古典経済学を批判したが、その批判の過程において批判の武器が鍛えられていくという関係にあるわけだな。最初から、マルクスは弁証法とはこういうもんだというふうにつくったわけじゃない。最初はヘーゲル弁証法を利用しながら、まあ古典経済学を批判する。それをつうじて批判の武器も磨かれていく。

面白いんだけども、マルクスは原稿用紙なんかに書かないで、ノートにも書かないで、印刷のでかい紙だな、あれを縦に三つに割るんだそうだ。そして一番左っ側にイギリス古典経済学の批判が書かれてあって、真ん中には「疎外された労働」論が書いてあって、一番右っ側にはヘーゲルの弁証法にたいする批判というふうに、三行に分けてでっかい紙に書いてあんだそうだな。家《うち》帰って見りゃ分かると思うけども、『経済学＝哲学草稿』の上っ側にゴチックでね、二三番とか四〇何番とか、ずうっとへんちくりんな番号があるでしょ、無関係な。あれは印刷の紙の番号なんだよ。だから、前の方に二三番が出てくると同時に、うしろの「ヘーゲル弁証法批判」にも二三番がある。誰か興味ある人はな、一冊のでっかい紙をつくってだな、どこの辺にこういうものが書かれ、その隣に何があったかというのをやると面白えと思うんだけどな、ふふん。時間のある人はそういうことをやると面白い。

要するに、ここでマルクスは、ヘーゲルにおける弁証法、その弁証法の構造だな、「正―反―合」とヘーゲルは展開していくんだけども、その「正―反―合」の弁証法をだ、唯物論的に改作していく。このことはひとつの重要な問題として、きょうはできないと思うけどもな。正から反へ、反というのはアンチテーゼね、正がテーゼ、テーゼからアンチテーゼへ。合というのはジンテーゼ、綜合だな。「正―反―合」、こういうテーゼ、アンチテーゼ、ジンテーゼというふうに変っていくその論理を「疎外」というふうにヘーゲルは言う、「疎外」と。そしてその論理をさらに唯物論的に改作していったのが、労働の論理として唯物論的に改作された。ヘーゲル弁証法は頭のなかの動きをあらわすわけだ。頭のなかの運動の論理をヘーゲル弁証法はあらわしているのにたいして、そういうものを頭のなかから地上の問題へ、現実の問題へ、労働の問題へ引きずりおろし、ヘーゲルの論理を現実の労働の論理として展開していこうとしたのが、そのマルクスの「疎外された労働」論であったわけだ。

この一八四四年のマルクスは、わずか二か月ばかりでその『経済学=哲学草稿』てやつは書いたんだが、これを書くことによってマルクスの実践論、労働論というものがようやく確立する。それを、『経=哲草稿』において確立されたマルクスの労働論、これをフォイエルバッハとの関係において貫徹したのが『ドイツ・イデオロギー』の付録として載っかっているところの『フォイエルバッハにかんするテーゼ』にほかならない。『フォイエルバッハにかんするテーゼ』というやつは、それまでのマルクスのやってきた仕事の集約をなすわけだ。

B マルクスの実践論・労働論

ここで展開されていることは、要するに、第一項目に書かれていること、「従来の唯物論、フォイエルバッハのそれを含めてすべての従来の唯物論」は物事を静的に、スタティックにとらえていた、「直観の形式でとらえていた」、しかし、俺たちは「対象、現実、感性を感性的な活動、対象的活動としてとらえなきゃならないんだ」という説明がなされているわけだな。

これは一体どういうことなのかというならばだな、最初読んだんじゃさっぱり分かんないけど、その点を頭に入れるためにはどうしたらいいかというと、――従来の唯物論というのが直観の形式においてとらえた、スタティックなかたちで、止まってるかたちでとらえているというのは、主体は客体を反映する、直観するということしかいわない。主体は、主体の意識は、対象、客体をたんに感覚するということしかいわない。しかし、感覚する場合でも、現象を見る場合と本質を見る場合の二通りがある、というふうに見方の次元の違いをフォイエルバッハはいう。見方の次元の違い、現象的な見方、これを感性的直観というんだが、そういう現象的な見方にたいして本質的な見方、本質直観、そういう、エンゲルス・マルクスの言葉で言うと「哲学者の二重の眼鏡」というやつだな。そういう、感覚的な場面で二つに次元の違いをしめしていくんだ。

このことは『ドイツ・イデオロギー』の岩波文庫版*の五八頁、大月書店『選集』版の四四頁の終りからはじまるんだな。ほかにはどういうの持ってるんだ、みんな。新潮社か。新潮社の頁はちょっと分からねえな。ナウカを持っている人は？　いるか、いない？　いる。ナウカはな、三六頁の一行目からな、「フォイエルバッハ」というのがあるでしょ。そこから以下、六頁ばかりだな。つまり、ナウカでは四〇頁の真ん中に「註」があって、その次の三行な。「歴史は」云々というそこまでが「フォイエルバッハ」論だ。岩波文庫では六四頁の真ん中あたりまで、大月書店版は四九頁まで、ここまでがフォイエルバッハの理論の批判が書かれている。だから、『フォイエルバッハ・テーゼ』、めんどくさいから『テーゼ』、『テーゼ』という場合にはその十一項のテーゼを指しますけども、テーゼの第一項目をつかむ場合には、この『ドイツ・イデオロギー』の今の頁のところに書かれている「フォイエルバッハ」のところを絶対に読む必要がある。

＊ 岩波文庫は古在由重訳、大月書店は『マルクス＝エンゲルス選集』第一巻、ナウカ社は一九四八年版。

具体的に説明していくならば、さっき言ったように、フォイエルバッハは「二重の眼鏡」というかたちだな、「二重の直観」――「二重の直観」という言葉は岩波文庫六〇頁の右から五行目ぐらい、大月書店版の四六頁のど真ん中、ナウカ版は三七頁の八行目、左から八行目というところに「二重の直観」というのがあるけども――、そういう「二重の直観」というのは現象の直観と本質直観という意味に解してください。そういうふうな直観のふうにやっているのは、感性的な活動というものを無視しているんだ、産業と社会状態との産物として感覚がつかまれるんだってことを無視しているんだということが、ここでまず一本おされて、その次の頁にかけては、自然と人間との統一という問題、要するに、産業、技術を媒介として自然が人間化され、人間が自然化されていくという、そういう相互関係だな。だから、有名な言葉として「自然科学と産業なしにはフォイエルバッハ自身すらねえんじゃないか」と。

まさに今日の「感性的な世界」、「感性的な世界」というのは後で説明するとして、「今日、そこにあるわれわれの世界の現実というものは労働、感性的活動の成果としてでてきたんだ」ということが、岩波文庫六二頁の最初の三行目、大月書店版は四七頁から四八頁にかけて、ナウカは三八頁の終りの方だな、左から三行目あたりから書かれているのはそういうことだ。「労働、感性的活動を基礎としてはじめて今日の世界があたえられた」、そういうことを見ない。

スターリニストが言う場合には、……

会場から　直観のところを絵に描いてくれませんか。ヘーゲルの精神的労働とマルクスの感性的労働というものについて……。

うーん、ちょっと難しいけどな。ちょっと、もうちょっと喋るよ。「感性的な二重の直観」という場合には絵はちょっと描けないんだよな、うふふふ。だから日和っているわけ。（笑）

「感性的な活動を通して初めて現実の世界があたえられるんだ」というふうなことを言って、そしてだな、そのあとの、ナウカの三九頁の真ん中あたりから終りまで、岩波文庫六三頁の初めから、大月書店が四八頁の終りの方から。ここに書かれていることは、要するに「フォイエルバッハの決定的な欠陥、それは対象も現実も感性もみんなスタティックにとらえているからだ、止まっているかたちでとらえているからだ」、「運動としてとらえていないからだ」ということがずうっと、さっきフォイエルバッハについてふれられている終りまで書かれているわけだ。

このことを理解しないのがスターリニストであり、どういうふうに説明するかというと、「フォイエルバッハには歴史的な感覚がない」というかたちにすべらせていくわけだ。どこが違うか。マルクスの場合には「感性的な活動、感性的な活動として今日の現実の世界をとらえなければならない」というふうに言ったにもかかわらず、今日の俗流マルクス主義者、「俗流」とつけてももったいないからスターリニストというんだが、スターリニストの場合にはだな、「フォイエルバッハには歴史的な感覚がない」というふうにずらかしていくんだよ。歴史的感覚がなぜフォイエルバッハにないのか、というふうに彼らは問題をたてない。……〔大きな紙にマジック・インキで図を描いている。* 一〇〇頁の図1参照〕そして、……

＊　以下一二〇頁までは図を描きながら講述している。なお、図1〜図4は講演参加者が書き写したものによる。

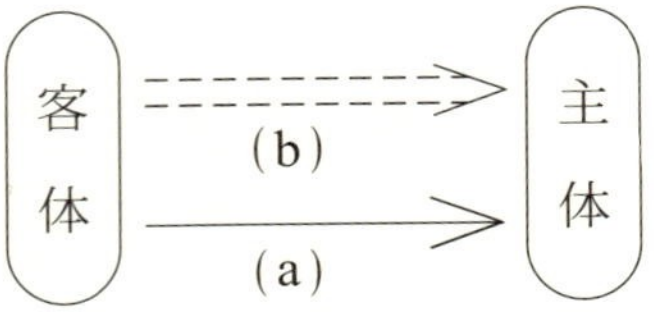

(a)=感性的世界の単なる直観

(b)=高次の哲学的直観

【図1】

……まあ、直観というのは、要するに受動的にだな、客体の側から主体の側へという、これが直観だ。こういうかたちにね。片っ方のOというのは客体だから、客体をOとしてあらわし、主体の方はsubjectだからSとしてあらわし、そして、OからSへの直観。直観とは、要するに感覚による対象のうけとり、受容、受動的なもんだな。こういう直観だ。しかもだな、直観にもいろいろあるということで、もう一丁、何というか、精神的な直観というかたちで、おそらく、本質直観という場合には、こういうS′という、上っ側の二本の点点でやったのは本質直観というふうにいってもいいと思うんだな。片っ方のは感覚的な、感性的な直観。つまり手で触ったりな、耳で聞いたり、舐めたり、そういうやつで直観するわけだ。「これはまずい」とかな、「これはうめえなあ」とか、「とろりと溶ける」というような感覚、そういうのが感覚、直観だな。本質直観というのはな、「あいつはパーだ」とかな、そういうようなところだよ。大体パーだというのは、或る一定の奴を、あれはスターリニストだとか、パーだとかいうのが直観的にも、やっぱりつかめるわけだ。スターリニストにもスタイルがあるからな。そういうふうに感覚しながら区別づける。はっきりいって、感覚の次元において認識の問題を処理、全部処理しちゃう。そういうやり方がフォイエルバッハのやり方なんだ。

これをマルクスはだな、スタティックな立場であって、「主体的に、活動としてとらえてない」と。「感性的活動としてとらえる」、「対象、現実、感性を活動としてとらえる」とはどういうことかというと、まず感性から説明しよう。

感性という場合には、主体の即自性、直接性をいう。大体、頭のなかが人間が一番パーになった場合には、食うことだよな、そんなことばっかり考えているわけだ。腹が減っては戦《いくさ》はできぬ、というやつがあるだろ。そういうふうに、人間が一番パーになると、感覚的なものが一番むきだしになってでてくる。大体、人間というのはどういう性格かというのが分かるのはな、山なんかに行くだろう、そうして道に迷ってパーになるんだな。そのときにな、人間の本質があらわれるわけだよ。エゴイストはな、てめえ一人でパッと遭難から助かろうとして逃げるわけだな。だけども、こりゃやっぱり、ここでじっと待っていた方がいいというわけで、そんなかで待っている、団結して待っている。眠ったらたいてい死んじまうわけだ、寒くて凍えて。だから、歌でも歌って、ちゃんと勇気づけて朝まで待つとか、あるいはガスが晴れるまで待つとか。そういう限界状況というかな、もう頭の問題じゃなくてめえの生死にかかわるという、そういう決定的な場面になると、その人の本質があらわれるわけだな。そういうのを即自性というんだよ。裸の人間だな、もう根底まで皮をむいちゃった場合だな。そういう人間の即自性、それが感覚的なものなんだ。

しかし、この感覚的なものは、やはりな、陶冶されていく、磨かれていく。マルクスが一八四四年の『草稿』で言った、「芸術家の感覚と凡人の感覚とは違う」ということを言ったな。芸術家は或る一定の宝石を見る、そうするとこれは芸術家でなくとも「美しい」というふうに思うけども、がめつい奴は「これいくらだ?」とこういうふうになっちゃう。(笑) そういうふうにだな、見方それ自体が全然違うわけだよ。僕たちはアジテーションやる場合にだって、オルグ根性を発揮して、誰が空気入るか、誰がこちらに来るかということを探しながらアジテーションやってるわけだろう。それはもうオルグ根性というやつだな。そういうのを発揮しなけりゃ、やっぱり組織はできないわけだ。そういうふうになってくると、何事をやるんでも目玉の恰好から違ってくる。ぽやーんとしたら組織はできないんであって、そういう意味において、コムニストというのは目つきが悪いな。(爆笑) そういうことになっちゃ、またまずいけど。そういうふうに、「対象、現実、感性」という場合は、主体の即自性のことをいう、「感性」の場合はな。

感性、悟性、理性というんだよな、カントが分ける場合に。悟性というのは割っていく能力、分析悟性というわけだな。割っていく能力のことをいい、そして理性という場合には、綜合的に頭を働かしていく能力のことをいう。感性、悟性、理性というのは、一応、反映の能力規定だというふうにいっていいと思う。反映の能力規定。しかし、人間は、……〔テープが途切れている〕……だからその点の区別はね、まだ哲学的にはっきりしていないんでね。物質的基礎もはっきりしてない。物質的基礎というのはね、大脳のどこがどう働くかということがはっきりしていない。とにかく、人間は外から感覚する、そういうやつと、感覚したものを割っていく能力、これを分析悟性の能力というんだな。割るだけでなく、割ることは同時に綜合していくことだという意味で、そういうのは理性の働きだというふうにいうわけだ。

感性、悟性、理性というのは英語に訳せねえんだな。英語だと、悟性と理性は一緒になっちゃって、ドイツ語だけで悟性と理性とが分けられる。Vernunft《フェアヌンフト》が「理性」で、Verstand《フェアシュタント》というやつが「悟性」と。まあ、英語でいうとunderstandingだよな。じつに、こう簡単だよな。だから、英語では哲学はできねえということでもあるわけだ。「認識」なんていうと、日本語聞くと、さもさも対象をぐっと、こう認識するけどな、そういう感じだろう。ところが、recognizeなんてやっちゃったら、knowledgeなんて言ったら、おやあ？（笑）knowなんてのは「知る」

だな、know その名詞が knowledge だ、そりゃ「知識、認識」だ。それじゃまずいので recognize とやると、何だか探し歩く感じになっちゃうだろ。ところが、Erkenntnis《エアケントニス》と言うとな、ぐうっと「認識」する。kennen《ケンネン》とは「知る」だろう。er《エア》ってくっつけるとぎゅうっという感じがでてくるわけだな。ところが understanding なんて言うと、ふーん、とこうなってしまう。（笑）これじゃ、てんで感じがでない。そんなとこから、やっぱり語学というか、日本語とか英語とかそういう性格からして、何というか、プラグマティズムというのが単純だというのも、そういうとこと関係があるんだよ。ほんとだよ。英語でな、ヘーゲルの翻訳ができねえんだよ。せいぜいな、『精神現象学』が一冊やっただけでな、ヘーゲルの『大論理学』とか何とかは英語にできない。訳せないんだよ、そもそも。

大体、ヘーゲルのをフランス語に訳すのも難しいんだよ。an sich《アン ジッヒ》, für sich《フュア ジッヒ》, an und für sich《アン ウント フュア ジッヒ》という、こういう言葉なんてのは日本語じゃ、誰がつくったか知らないけれど、「即自的」、「対自的」ないしは「向自的」、an und für sich だから「即且向自的」なんてやつ、これは「絶対的」だとか説明するけども、フランス語にはない。そこでサルトルは、てめえでフランス語をつくったわけだ。「即自存在」、俺よく知らないんだ、フランス語は。サルトルの『存在と無』[人文書院、一九五六年]というやつは、ハイデッガーに教わったわけだな。サルトルの先生はハイデッガーとフッサールだけども。そういうハイデルベルクで勉強してだな、そこでドイツ語をフランス語のなかにぶちこんで、サルトルは彼の『存在と無』を書いてるわけだ。

大体、マルクスの『資本論』というのは、ドイツ語版を見ると分かるけどな、英語がいっぱいなんだよ、英語のドイツ語化したやつ。つまり、経済学というのはドイツで発達するよりもむしろイギリスで発達したでしょ。だからイギリスで発達したやつをドイツ語で書くからね。大体 economy なんてドイツ語にないんだよ。だから、*Das Kapital*［『資本論』］の後ろ側引いてごらん、economy と書いて Wirtschaft《ヴィルトシャフト》と解説がしてある。economy とはドイツ語ではなく、ドイツ語でいうなら Wirtschaft ということなんだ、と。そういう簡単なことからして、すでにマルクスの経済学というのは非ドイツ的なんだよな。マルクスの書いたものというのは、英語、ドイツ語、フランス語がメッチャクチャに導入されているんだな。そりゃ、文章がデタラメだというのじゃないよ。ドイツ語にはないのを、イギリスから、あるいはフランスからもってくるし、だから、英語をドイツ語化し、ドイツ語を英語化してな、まあ国際的なスタイルなんだろうな（笑）、チャッチャッチャッチャッ、とやっている。そういうふうにしなけりゃな、やはり『資本論』は書けなかったということだ。

ま、横道にそれたけども、そこへいくとまた西田［幾多郎］じゃねえけども、「大東亜共栄圏の哲学」を書いた高坂正顕、高山岩男。この前、僕は知らなかったけど、小金井、じゃなかった学大な、東京学芸大の校長さんが何と高坂正顕だとな。大東亜共栄圏の哲学者だよ、お前。俺はびっくりしちゃってな、ほー、というんで頭にきちゃったけど。そういうのとな、大管法とひっかかるんだ、ははは、まあ、いいけども。（笑）そういう人たちがな、高坂正顕とか、高山岩男とか、柳田謙十郎とか、そういうような人たちは、「大東亜共栄圏の哲学者」というんだよ。大東亜戦争、太平洋戦争を誉めたんだからな。で、「西田の哲学は外国語に翻訳することのできない日本独特の哲学」というふうに言った。たしかにそういう点はあるさ。日本語というのはかなりな、哲学的には適しているような感じもするけども、ドイツ語とちょっとんばかり似てるところがあるらしい。どこが似てるのかよく分かんないけども、構造がな。ま、とにかくとして、感性というのは主体の即自性をいう。

「対象、現実」、「対象」という場合にはOのことを指すけれども、「現実」という場合には、大体われわれのイメージとしては〔図2参照〕、こういうかたちの点点点のやつを現実、と。対象の場合はこのOだな。現実という場合にはこういうことをいう。歴史的現実ということはな、Sの方がプロレタリアになるし、Oの方がブルジョアジーになるわけだな。歴史的現実、今日の資本主義社会の歴史的現実となると、Oの方がブルジョアジーでSの方がプロレタリアートになるわけだな。ま、ともかくとして、こういう現実の契機をなしているところのOというのを対象的現実と呼ぶ。対象的とは、或る主体にとって感覚されうるものという意味において、「対象的」という言葉と「感性的」という言葉とは、ほぼ同じ。感覚されるものはつねにかならず物質的なものだという意味で、対象的というのは物質的ともまた同じだな。だから、現実的、対象的、感性的、物質的、こりゃ、大体みんな同じだな。

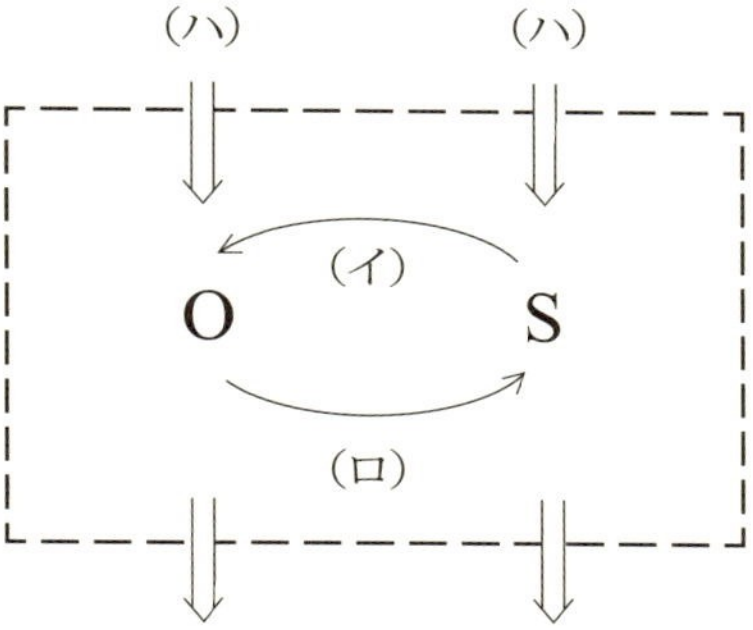

(イ)＝SのO化、主体の客体化(生産)
(ロ)＝OのS化、客体の主体化(消費、使用)
(ハ)＝歴史的発展

【図２】

で、Oの方を対象的現実とすれば、Sの方もまた対象的現実なんだよ。なぜなら、SはOの対象であるからだ、分かるな。OはSの対象だし、SはOの対象である。このことをだ、両方とも人間においたらいいよ。A君とB君をあわせて、A君にとってB君は対象であるけれども、Bという主体にとってAは対象だ。相互に対象となりあうわけだ。だから、人間もまた、ひとつの対象的現実なわけだよ。ひとつの自分自身の世界をつくりだしている対象的現実であるわけだ。ところが、人間は、たんに対象によって規定されるだけではなく、対象を変革していくんだと、そういう独特な力をもっているわけだ、能力を。対象でありながら、対象的現実、人間はひとつの対象的現実でありながら、対象を変革していく能力をもっている。

ここからして、対象的現実としての人間を同時に「人間的現実」と呼ぶ。人間的現実とは、対象的な人間が単なる対象にとどまるだけでなく、同時に対象を変革していく、そういう独自性をもっている、という意味をしめすために「人間的現実」という言葉がもちいられるわけだ、哲学的にはね。これを、人間的現実というやつを、「現実存在」というふうにハイデッガーなんかが呼ぶと同時に、「現実存在」の真ん中をとると「実存」、こういうことになるだろう。「実存」というのは、翻訳としては「現実存在」あるいは「実存」というふうに呼ばれるわけだ。だから、実存主義というのは、そういう人間的な現実というものを他からきりはなして、人間的現実を他の存在からきりはなして、それ自体を問題にするのが実存主義だ。

ところが、われわれの実存主義、ちょっと言葉はおかしいけども、われわれの実存主義とはそういう孤立的な人間を扱うのではなく、社会的存在としての人間を扱う。だから、それは、孤立的な人間でなく、『テーゼ』の六番かなんかにでてくるな、「社会的諸関係の総体」という言葉が。「社会的諸関係の総体」とはどういうことかというと、二つの意味があるわけだ。われわれは社会的生産関係のなかにおかれている、いろいろな生産関係のなかにおかれている、これがまず第一だな。よく言われる「生産関係の網の目のなかにおかれている」というのが第一点。だから、したがって、自分自身は同時に生産諸関係の全体に規定されている、ということになるわけだ。これは具体的な例でいえば、僕らが着ている着物というのは、織物工の産物であると同時に、裁縫師の産物である。そもそも、おとっつぁんとおっかさんの産物だというような生産関係、人間関係の産物だということは分析していけば分かるだろ。それを称して「生産諸関係の総体」というふうにいうわけだな。

　だから、人間とは孤立的個人ではなく、たとえ一人の人間をとったにしても、同時に、その一人の人間は他との関係をもっているんだ。それを社会的存在というふうにいうわけだ。だから、僕たちが、人間といった場合にも、孤立的個人をいうんでなく、そのような生産諸関係をとり結んでいる人間、だからそういう生産諸関係によって規定されている人間、これを「内在化」という言葉を使うと間違っちゃう人があるのでちょっとまずいけども、生産諸関係を自分自身の内にもっている人間、そういう人間を僕らは扱うんだ。

　ところで、そのような人間というのはなぜできてきたのか、ということが次の問題になってくる。「対象、現実、感性を対象的活動としてとらえる」というのが、OとSとの関係をなすわけだけども、「対象、現実、感性」としてとらえるということは、要するに、さっきの点点でやったところは現実のかたちをやったわけだな。ところが、〔図2を指しながら〕この二つの矢印、OとSとの交互関係の矢印が感性的な活動だ。OのS化とSのO化という感性的な活動だ。ところで、これを感性的活動というふうにとらえるということは、これが以前の活動の産物であると同時に、この活動が未来にむかって発展していく、こういう関係の一断面をとったのが、こういう主客の交互関係なんだ。これは、これを、これの過去としめし、そして未来をとらえる。そして、これを、上から下へ、こういうふうにとらえたときに、歴史的発展と、こういうことがいいうるわけだな。

ところがだな、今日のスターリニストはこのようにとらえないで、感性的活動というふうにとらえないでだな、とにかく「歴史は発展するんだ」と。今日のスターリニストというのは、「歴史は発展するんだ」と。〔図3参照〕まず、こういうふうに歴史は発展するって、ポイッと言っちゃうわけだ、こういうふうに、歴史は発展する。そして、ここのところにマルクスがいるとすると、う―ん、どういうふうに書くかな。ここにマルクスがいるとすると、マルクスでなくスターリニストだな、これはな。スターリニストがよく力説するのは、こういうことなん

スターリニスト

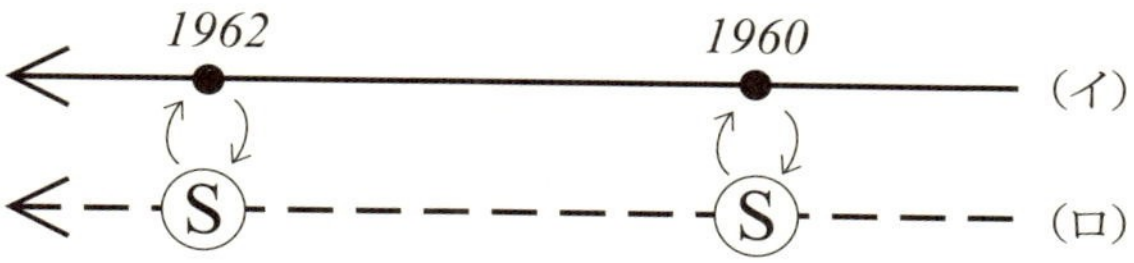

（イ）＝歴史の発展

（ロ）＝総括（精神的再生産、理論）

われわれ

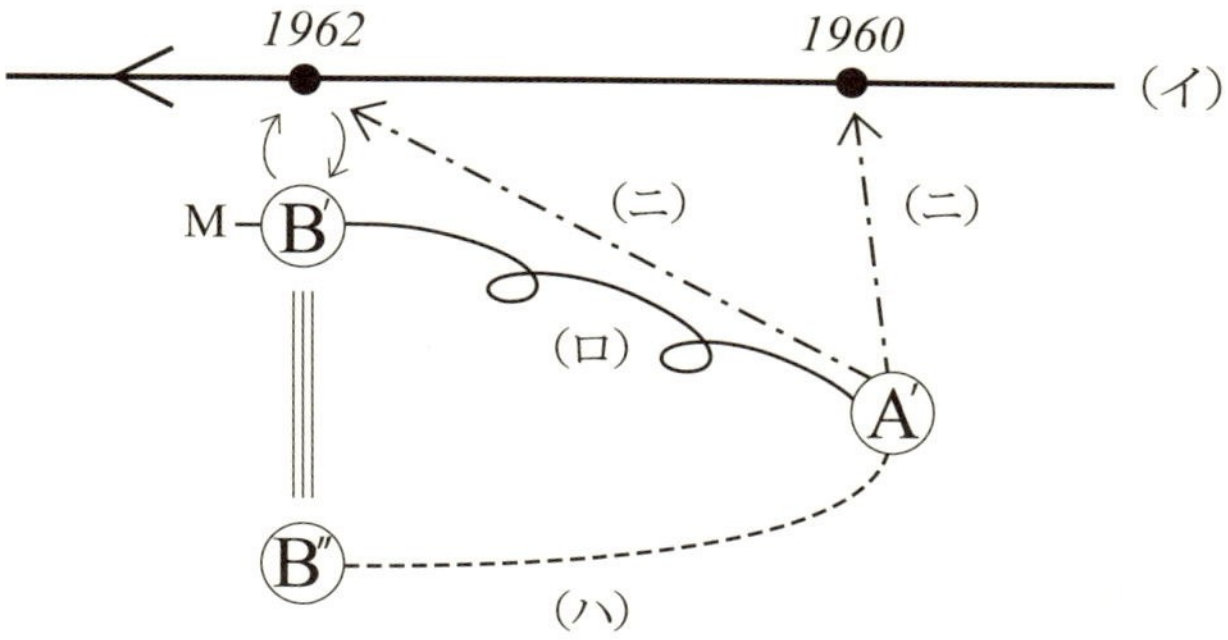

（イ）＝歴史、現実の発展

（ロ）＝現在的問題意識に支えられた歴史的反省

（ハ）＝歴史の理論的総括

（ニ）＝妥当

【図3】

だよ。スターリニストは「歴史は発展するものとして見ろ」と。たとえば、これの対象を、黒くしたのが対象とするとだな、スターリニストの場合にはだ、現実の、このぐらいかな、こういうふうに見ると、しかも、これを「歴史的発展において見ろ」という場合にはこういうことを言っているにすぎないんだよ。おそらくこういうふうなことだと、みんな思ってるだろう。しかし歴史をとらえるということは、こんな簡単にいかないわけだな。

ところが、僕たちは、Mはマル学同だ、あるいはM青同〔マルクス主義青年労働者同盟、MW〕だな。これを認識するわけなんだけども。こういう、まず、この上から下へ……〔テープが途切れている〕……現在から過去への反省というのが点点点の一本の矢印な〔図3・下の(ロ)〕、そして或る一定の過去から現在へ戻ってくるという矢印が過去から現在への歴史的な形成と。〔一三八頁の図、『疎外論と唯物史観』三八六頁の図㈡を参照〕

われわれの認識はつねに現在から出発する。このことが非常に重要なんだな。われわれが過去の問題をやるというと、過去の問題は、想い起こす対象、想起の対象であるわけだ。その場合、さっき感性、悟性、理性というふうに言ったけども、これをつらぬく構想力、イマジネイションだな、構想力というものがここで相当に働くんだな。イメージの貧困というやつがあるだろう。もう、現在のことしか考えられないでね、未来の展望とかな、過去のことについていうと、もう頭にきちゃうというのは、あれは、イメージの貧困というのは、構想力が欠如しているわけだ。

とにかく重要なことは、現在から出発する。たとえば、安保闘争ということはどういうふうになるかというと、あれは、実際に体験した人は、自分自身の体験をふり返るわけだな。あるいは、それを知らなかった人は、安保闘争の時のいろんな文書をつうじて、あるいは写真集をつうじて、「ああ、そうだったのか」というように過去を反省し、そして現在へ戻ってくるわけだ。いわゆる総括というやつもだな、たんにだな、あの時あの時点ではこうだ、この次はこうで、その次はこうだというふうに、たんに歴史的にだな、総括というものもだな、たんに……〔図を描いている〕……総括というのはこういうふうになされてはならない。〔図3・上参照〕こっちが、上っ側の方が歴史的現実の歩みだ。片っ方が総括の文書だとする。これは間違った総括のやり方だ。こういうふうにやるのはね、何にも問題の解決にはならない。これは絵にもはっきりでてるように、平行的にとらえられているな。一九六〇年の安保の時にはこうだったけども、六二年の現在ではこうだ、というかたちの総括はナンセンスだ。

どういうふうにやるべきか。問題は、一九六二年においてわれわれが直面している問題をまずおさえる。〔図3・下参照〕まず、おさえる。現在に直面している諸問題、何が俺たちが解決すべき問題なのか、どうして俺たちの組織活動はできないのか、俺たちの学習会活動はあまり進歩してないのはなぜなのか、あるいは俺はなぜMWでやらないのか、というような現在的な問題意識、これが出発点とされなければならない。そのことを絵で描くと、今、六二年の上から下への、Mのところまで降りている。こういうのが現在的問題意識の矢印だ。こういう、現在僕たちが直面させられている諸問題を解決するために過去へ反省し、そして過去から現在へ戻ってゆく。現在的問題意識を出発点とし、現在から過去へ戻っていく。現在的問題意識から出発し、そこから過去へ戻っていく。そして過去から現在へと、こういう矢印に縦にぐちゃぐちゃとやってるものね、これがいわば総括の文書として出されなければならないわけだよ。

いわゆる総括というのは、こういうふうなかたちであらわれている。現象的には上の点点点と同じかたちになるわけだな。こういうふうに、歴史が発展したらこういうふうにやる、というのがスターリニストだけども、僕たちの場合の総括もまた、こういうかたちであらわれてくるわけだ。こういうかたちであらわれてくるという結果においてはスターリニストの場合と同じだ。しかし、そうじゃなく、僕たちの場合は、いかなる問題意識をもって過去へいったか、いかなる問題意識をもって過去へ遡っていったか、そして現在まで来たかということが、われわれの頭脳構造として確認しておかなけりゃならないんだな。そうしないと歴史主義になってしまう。スターリニストの上の歴史的発展方向に対応したかたちでの展開を、この絵でいう上っ側のスターリニストの場合を歴史主義という。しかし、現在的問題意識から出発し、そして現在から過去へ反省していく、こういうのを歴史主義とはいわない。歴史的な歩みの論理的な総括というかな、そういう正しい立場をいうわけだ。

会場から質問　いつも分かんねえんだけど、この過去とかなんかいうふうに、今だされている歴史的な反省、さっき想起と言ったけれども、想起の対象というのはどうして歴史的現実の軸の上に絵で描かれねえんですか。

現実の上の？

質問者　つまりね、歴史的現実の軸があるわけでしょ、実線の部分が。

上っ側にな。

質問者　どうしてわれわれが想起すべき対象というのがその上に、実線の上に描かれないのか。たとえば、スターリニストのことだと思うんだけど、最初に平行的に移動してゆくと。総括文書と歴史的現実とがね、そういう図があったでしょ。その場合に、一九六〇年と一九六二年というのがありますね。一九六〇年に安保闘争は現実的に起こったわけでしょ、現実的な問題として。

だから、われわれ、今、一九六二年の現実のなかでね、われわれが直面している問題を、そのちょうど総括文書なら総括文書というふうなかたちで、下に書かれているその点線の上に、われわれが存在していてね、それが、六二年の現実をうけとめて、それから今度は返っていくのは、実線の上に一九六〇と書いてある、つまり現実の安保闘争に、何というかな、思考作用というのは歴史的な反省として戻っていくんじゃねえかと思うんだけど。しかし黒田さんのは、いつも離れて描いてあるでしょ。

そうそうそう、そこがミソなんだよな。それを一緒くたにしちゃえばだな、何というか、ヘーゲル主義になっちゃうんだ。われわれが、そういう、想起し、そして総括なら総括やるのは、そういう現実の歴史の歩みの精神的再生産だよ。その精神的再生産ということを図で表すから、上っ側の現実の歩みとな、理論的な絵とが区別して描かれるわけだ。もしもだな、これを、下っ側の点点点のやつをこういうかたちでね、大体こういうかたちでこうやったとするんだよ［図を描いた紙を折り曲げている］、これはヘーゲル主義になっちゃうんだよ。これをくっついて、これはくっつかないけどな。

要するに、われわれの歴史の歩みだから、これに相応したかたちで総括をやるんだというんで、こういうふうにしたとするだろ。そうすると、現実の歴史的発展と、その精神的再生産とが直接的に同一視されるわけだ。そうじゃなく、われわれの場合には、歴史的現実の発展とその理論的把握とは媒介的に合致する。だから、ここの問題はだな、この過去の問題は、今、鎖線で描いたな、これ。ここの過去への反省によってつかみとられたものは、ここに妥当する。鎖線が妥当の線だな。妥当するというふうにつかまなきゃならないわけだ。だから、ここのところもだな、この現在的な問題をここことするとだな、要するに、認識の現在の問題は、ここへ妥当するわけだ、一九六二年の現実に。過去の問題は、ここへ妥当するわけだよ。ここの理論は、ここに妥当するんだ。ここはだな、これの理論的表現であるわけだ。これは、これの理論的表現であり、これは、これの理論的表現であるわけだな。

だから、頭のなかの動きと現実の動きというものをだな、ヘーゲル主義的に直接的に同一視しないで、われわれが理論を、たとえば歴史というものを書いたとするよ。教科書の歴史というものは、教科書のなかにしかないわけだ。まあ、二千年のあいだの歴史というのは教科書では二〇頁ぐらいだって書けるわけだな。それは精神的縮小再生産なわけだよ。それはまた、長くも書けるよ。『近世日本国民史』なんてのは、徳富蘇峰なんてこの頃また再版やって、驚いているけどな。徳富蘇峰というのは日本帝国主義の理論的基礎づけをやった爺いだ、毎日新聞のな。それの『近世日本国民史』というのは九十何巻だよ。第二期配本なあんてやってるけど、あれは日本帝国主義を謳歌した本だよな。そういうふうに全何十巻だって書けるわけだな。

そういう精神的再生産と現実というのをだな、直接的に同一視するのはヘーゲル主義だ。つまり、別の言葉で言うと、上っ側に一九六〇年とか何とか書いてあるのを「法則性」と呼ぶ。法則性、客観的な法則性。そして、このなかの下っ側のだな、点点点の点な、ぶった切ってある、この点点点の点を「法則の体系」と呼んでもいいんだな、法則の体系。上っ側が法則性、下っ側のこいつが法則の体系。歴史の場合には、歴史叙述、理論の場合には法則の体系あるいは歴史叙述というふうに言っていいんだな。だから、理論の体系、法則体系あるいは歴史叙述と、現実の歴史そのものとは直接に合致しないけども、しかし、やっぱり歴史的叙述の場合には、一九六〇年から六二年の現実の歩みの上を歩いているわけだ。

そういう意味においてな、何ていうか、そっちから見ればいいんだよ。今こうやって見ているけどな、こうやって見てみな。見えねえか。(笑)こうやって見ればな、この線はこいつに妥当する、一緒だよ。だけど、実はこうなると区別、これは区別だよ。区別だけど、こうやると同一性だよ。まったく一直線になっちゃってるな。理論体系と現実とが一直線になっている。そういう意味では同一性をもっているけども、区別を含んだうえで同一性をいうのは結構よ。

ところが区別だけやっちゃうと、同一性の面もでてこないけども、このことは、一般的問題としては法則性と法則との関係。これは哲学的な問題になって、きょうはちょっとできねえけども、まあ、『創造』という雑誌が出て『経済学と弁証法』の再版をやるからな。法則論というのを、いずれその点をやらなけりゃいけないと思った人は、それでも見てください。*

＊　全日本理工系学生ゼミナール理論機関誌『創造』第2号に「法則論」と題して掲載。『現代唯物論の探究』（こぶし書房）の第一部にⅠ「社会経済法則について」、ⅢのC「社会発展史の美化――法則利用の問題」と改題して収録。

現在問題になっているのは、大分横道にそれてったけども、要するに、こういうかたちでだな、歴史的な反省というのもだな、たんに、さっき言ったスターリニストの平行線ではなく、その微分的な構造がこういうふうになっているんだ、こういうふうになっているんだ、と。これをはっきり、まず、僕たちはつかんでおかなけりゃならない。

フォイエルバッハ論でマルクスが書いていることは、こういう感性的活動、自然科学と産業なしにはフォイエルバッハもねえじゃねえか、現にソコ存在しているところの感性的な世界、現実の世界は、感性的活動の所産だという場合に、マルクスが言っているのはこういう関係を言っているわけだ。今、ここで書いてないけれども、もちろん、こういう労働の関係な、Oと

Sとのあいだのこういう、いま継ぎ足したのはこれね。これが労働の関係というのは、つねにかならずこういうことになっていくわけだな。そういう実体構造をつかまえていないのがフォイエルバッハだということが、『テーゼ』の初っ端に書かれているし、そしてさっき指摘したところのフォイエルバッハ論においては、そういう点が書かれている。

で、このわずか四、五頁のあいだに書かれているフォイエルバッハ論というのはかなり難しい問題であるから、別にこのところが分からないというふうにして困る必要はないし、『ド・イデ』を読む場合には、これは吹っ飛ばしてもかまわない。いわば、何というかな、一応、史的唯物論をつかみ終った後で、労働論とは何かということを追求し、その発端が『テーゼ』なんだが、『テーゼ』とこの頁とを一緒にとらえると同時に、もう一丁さかのぼって、さっき言った一八四四年の『経=哲草稿』にまでさかのぼり、『経=哲草稿』の労働論をはっきりつかみなおすことによって初めて、フォイエルバッハの『テーゼ』が理解されうるというふうにわれわれは考える。

まあさしあたり、そこまで、労働論までいかない場合には、とにかく『ド・イデ』においてはどのようなことが書かれているか、ということに入っていきたいと思う。

II　「ドイツのイデオロギー」の唯物論的批判

要するに、この本においては、先ほども言ったように、ドイツの嘘っぱちイデオロギー、ドイツの嘘っぱち観念形態の暴露をやるわけなんだが、その暴露をやるためにはたんに観念の次元でやっていただけでは駄目だ、と。目次を開いて。だから、マルクスは、「A　イデオロギー一般」というものを説きはじめると同時に、「B　イデオロギーの現実的基礎」ということで、イデオロギーを、それがうみだされてきた物質的基礎からとらえかえす。イデオロギー、観念形態をそれがうみだされてきた現実的な基礎からとらえかえす、これが唯物論なんだということを、ここでしめそうとしているわけだ、マルクスは。ここに「唯物論的な見方と観念論的な見方との対立」というふうに書かれているけど、これはあまり感心しない。そういうことが書かれているわけではないわけだな。そうじゃなく、やはり、「ドイツのイデオロギーの唯物論的批判」というふうな副題がつけられるべきものなんだ。「ドイツのイデオロギーの批判」と。

ところで、問題は、「イデオロギー」という言葉の説明をやらなければならないんだけれども、これをいろいろ言うのは大変だから、さしあたり『社会観の探求』〔増補新版『社会の弁証法』〕のだな、マドの一〇六だと思ったが（マドというのは上っ側にゴチックで書いてある）、一〇六の註「真理をあらわすイデオロギーと虚偽をあらわすイデオロギー」云々というふうに書いてあるけれども、このマドの一〇六番の註のところを、さしあたり読んでほしい。一〇六および一〇七両方かも知んないな。一〇六、一〇七の（2）あたりを読んで「イデオロギー」というものの概念をつかんでほしいと思う。

簡単にいうならば、「イデオロギー」というのは初めはナポレオンが使ったんだよ。うるせえ、小うるせえ理論家にたいして「イデオローグ！」と、こういうふうに罵倒したんだよな、それが発端なんだ。「イデオロジー」と「イデオロジスト」というかたちで、ナポレオンが使ったそうなんだな。そういう、この Idéologie《イデオロジー》 というフランス語から Ideologie《イデオロギー》 というドイツ語がでてき、そのイデオロギーというやつは、嘘っぱちの思想と、簡単にいうとな。虚偽の思想という意味なんだ。だから、ドイツのイデオロギーという場合には、ドイツの嘘っぱち理論、思想ということであるわけだな、ここでは。いいかえるならば、「イデオロギー」という言葉は、最初はすべて虚偽意識形態——意識と意識形態の説明は後でやる——、虚偽の意識形態と

出版案内 2025.6

KK書房
東京都新宿区早稲田鶴巻町525-5-101
TEL 03-5292-1210 FAX 03-5292-1218
http://www.kk-shobo.co.jp/

黒田哲学の金字塔＝『実践と場所』全三巻を著作集に収録。順次刊行

黒田寛一著作集 全四〇巻

第15回配本 25年6月

第八巻・第九巻 同時刊行

第八巻 実践と場所 第一巻 実践の場所（上）

A5判上製クロス装 函入 428頁 4700円

第九巻 実践と場所 第一巻 実践の場所（下）

A5判上製クロス装 函入 340頁 3700円

革命家として生きぬいてきた四十年の歩みをふまえ、世紀末の激動してやまない世界史的現実を凝視し洞察しつつ展開された〈実践の場所〉についての唯物論哲学の展開！

思想的混沌を突き破るために絶対不可欠な〈実践場の哲学〉を随想的に綴った本書は、二十一世紀を照らしだす力を秘めているといえるであろう。

■ 続刊【第16回～第17回配本】

⑯ 第10巻・第11巻 実践と場所 第二巻 場所における実践（上）（下）

⑰ 第12巻・第13巻 実践と場所 第三巻 場所の認識（上）（下）

（表示は本体価格です。別途消費税がかかります。）

黒田寛一著作集　全40巻　　全巻の構成

A 哲学

- ■1 物質の弁証法　5700円
- ■2 社会の弁証法　4300円
- ■3 プロレタリア的人間の論理　4500円
- ■4 スターリン主義哲学との対決　4800円
- ■5 マルクス主義の形成の論理　5100円
- ■6 変革の哲学　5300円
- ■7 場所の哲学のために　6000円
- ■8 実践と場所　第一巻　実践の場所（上）　4700円
- ■9 実践と場所　第一巻　実践の場所（下）　3700円
- □10 実践と場所　第二巻　場所における実践（上）
- □11 実践と場所　第二巻　場所における実践（下）
- □12 実践と場所　第三巻　場所の認識（上）
- □13 実践と場所　第三巻　場所の認識（下）

B 革命的共産主義運動の創成と前進

- ■14 革命的マルクス主義運動の発展　5300円
- ■15 スターリン批判以後　上巻　5100円
- ■16 スターリン批判以後　下巻　5300円
- ■17 現代における平和と革命　6000円
- ■18 組織論の形成　4800円
- ■19 革マル派の結成　6300円
- ■20 反スターリン主義運動の前進　5400円
- □21 革命的左翼の思想
- □22 組織現実論の展開
- □23 平和の創造とは何か
- □24 革新の幻想
- □25 労働運動の前進のために

C マルクス経済学

- □26 宇野経済学方法論批判
- □27 『資本論』の方法
- □28 唯物史観と経済学

D 現代世界の構造的把握

- □29 現代中国論
- □30 二十世紀文明の超克
- □31 ソ連圏における第二革命の論理
- □32 現代世界の動き―その捉え方

E スターリン主義ソ連邦の崩壊

- □33 ソ連のジレンマ
- □34 ゴルバチョフの悪夢
- □35 死滅するソ連邦
- □36 世紀の崩落

F マルクス主義のルネッサンス

- □37 政治判断と認識
- □38 マルクス ルネッサンス
- □39 革マル主義術語集

別巻　黒田寛一のレーベンと為事

■＝既刊（2025年6月現在）

いうふうにイデオロギーという概念は使われてきた。ところが、虚偽のイデオロギーにたいしては、やはり、真理のイデオロギーを対置する必要がある。真理をあらわす理論を対置する必要がある。そういうことからして、レーニンはだな、「プロレタリアのイデオロギー」、「マルクス主義のイデオロギー」という言葉を使うことによって、イデオロギーは一般に理論という意味をもたせられてきたわけだ。

今日の社会学者諸君は、社会学者、大学のな、マルクス主義者でない非マルクス主義者でありながら、マルクス主義のいろいろなカテゴリーを利用している人、そういうブルジョア社会学者、近代社会学者たちが使っているイデオロギーという概念は、すでに悪いもの、嘘のものというふうに使っている。しかし、マルクス主義という立場に明確にたち、かつレーニンの伝統を受け継ぐわれわれとしては、イデオロギーは直接的には虚偽の観念形態をいうんだけども、同時に真理をあらわす思想をもイデオロギーというふうに使うわけだ。だから、僕たちは「イデオロギー闘争」という言葉を使っているわな。

もしもだな、イデオロギーというのは観念的な嘘っぱちのもんだというふうに言っちゃうならば、そういう嘘っぱちのものから本当のものへどう転化させていくかという橋渡しができなくなってくるわけだ。そして、事実、嘘っぱちのイデオロギー、たとえばヘーゲルの場合だな、ヘーゲルのなかには全部が嘘じゃないんだよ、そのなかにやはりな、われわれが摂取すべき弁証法、解体的に摂取すべき弁証法というものをもってるわけだ。だから、イデオロギーをただたんに嘘っぱちだというふうにしてぽーんと蹴っちゃうと、ヘーゲルが全体向こうにいっちゃう。これはフォイエルバッハがやった批判のやり方だ。しかし、ヘーゲルを批判することによって、ヘーゲルのなかに観念的なかたちで展開されている弁証法を唯物弁証法へ発展させていくという、そういうやり方。そういうふうにやるならば〔いいが〕、イデオロギーというのは嘘っぱちのもんだというふうにやっちゃったらな、なぜ俺たちが旧来のイデオロギー、とくにヘーゲル、それからイギリス古典経済学、そういうものにたいしてなぜ批判を内在的にやらなければならなかったのか、という根拠もまた失われていくわけだな。

大体、そういうふうにイデオロギーという概念をつかんでいってほしいと思うな。ドイツの嘘っぱちイデオロギーを批判することをつうじて、同時にわれわれは本当の理論、思想をうちだしていくという意味である。

思想闘争が理論発展のバネ

マルクス主義の理論はつねにかならず、こういうイデオロギー闘争、思想闘争をつうじて展開されてきた。レーニンの文章はとくにそうだけども、他の党派のイデオロギーとの論争をつうじてマルクス主義の理論はつくりだされてきている。早い話が、『資本論』というあのマルクスの主著でさえもが、同時に他の諸流派の経済学にたいする批判として実現されているわけだ。だから『資本論』の副題には「経済学批判」という副題がついているわな。

『アンチ・デューリング論』と今日呼ばれているやつは、デューリングにたいする批判。ま、その辺からやるよりも、最初からやって［いこう］。マルクスは初めはヘーゲルの国家哲学にたいする批判をやって、四四年の段階にはスミス、リカード、セーなどにたいする経済学の批判をやり、そして『ドイツ・イデオロギー』においては自称急進派の青年ヘーゲル学派のなかに入っていた、マルクスもまた青年ヘーゲル学派に入っていたわけだな、そういう左翼、青年ヘーゲル学派としての自分自身から訣別するために、マルクスはシュティルナーやブルーノ・バウアーとたたかったわけだ。そして、その翌年にはプルードンの『貧困の哲学』というやつを――『貧困の哲学』というのは、資本主義社会は貧乏だ、だからプロレタリアは革命をおこさなけりゃならないというのをフランスのプルードンが『貧困の哲学』というのを書いたら、「この野郎、哲学が貧困だ」というので、ポカーンとたたいたのが有名なマルクスの『哲学の貧困』という本である。（笑）これはマルクス、フランス語で書いたんだな。

それから先は、さまざまなインターナショナルの闘いをおこなっていたんだけど、その当時の文章というのもやはり他との闘争であり、エンゲルスの『アンチ・デューリング論』、『自然弁証法』、そういうものはすべて、『フォイエルバッハ論』もそうだけども、他の党派とのイデオロギー闘争を通してマルクス主義の理論は形成され確立されてきたわけだ。レーニンの『唯物論と経験批判論』、『共産主義における「左翼」小児病』、『民主主義革命における社会民主党の二つの戦術』というのも、口汚く、あれも少し消耗だけどな、やはり、他とのイデオロギー闘争、思想闘争が理論発展のバネであるということをはっきりつかみとっておく必要がある。

『ドイツ・イデオロギー』というのは、まず初っ端において、「序文」においては構え方が書いてある。「人間は自分自身について、今までいろいろこう考えてきた。しかし、これは間違っていた」と。「これはマルクス自身の見解ではないから、これをあたかもマルクスのごとく言うというのはナンセンスだ」というようなことを高田のキュー公［高田求］が言うけどもな、これはまったくナンセンスで、「人間は何であり、何であるべきか」というのはソクラテス以前からみんな困ってるわけだ。二千年かかってようやっとマルクスがだな、唯物論的に人間把握をやったわけだよ。俺は何であるか、そして何であるべきか、と。*

* 「火焔ビン亡者のたわごと」『スターリン批判以後　下』（こぶし書房）二〇八頁以下参照。

これはやっぱりね、マル青同やマル学同に入る場合に、やっぱりこの問いにつきあたるわけだ。そういうものを通過してこないマル学同なんてのは駄目なんだよな。やっぱり、自分自身の問題、俺はいったい革命のためにやるのかやらねえのか、と。そういう、スターリニストにたいして、なぜ悪い、どうして俺はスターリニストと対決するようになったか、そういう自分自身の問題をつきつめることによって、それが横へ団結していく、つまり組織の一員として自分を位置づけていくということをぬきにしたらば、本当の固い団結のもとの組織はできないわけだ。

だから、「人は何であり」なんて言うよりも、「俺は何であり、どうすべきか」と。「風のまにまに」（爆笑）、こういうのは、日和見主義だ。マルクスが好きな言葉で言うか、「ゴーイング・マイウェイ」なあんてやつな、「ゴーイング・マイウェイ」の精神でやる、と。これが細胞の確立の前提条件なんだよ。映画の題名じゃないんだよ（笑）、「ゴーイング・マイウェイ」は。そういう「ゴーイング・マイウェイ」というふうに確信している人が寄り集まるからこそだな、或る人が殺されたりしてもだな、熊谷コンミューンを守るようにならなけりゃ駄目だということがだな、この初っ端の文章であって、こりゃ誰が言ったか、言わないかということが問題じゃなく、この問いにたいしてマルクスがどうかかわり、どう解決していったか、そういうことをやるのが哲学なんだよな。

＊「汝の道を進め、そして人々をして語るに委せよ！」（ダンテ）。『資本論』「第一版への序言」の結びの言葉。

結果だけが問題じゃないんだよ。「マルクス主義っていうのは「人間は社会的諸関係の総体」だ」、「へえ、そうですか」と。それだけなんだよ。だけどもな、やっぱり、俺たちが社会的諸関係の総体だ、社会的の人間だ、と。しかも、革命的プロレタリアとして自分もやっていかなきゃいけない、そのためには党を創るんだ。こういうな、内的な構造、簡単にいうならば、即自的な自分自身から本当の革命的プロレタリアへ脱皮していく。そういうこのプロセス、これをはっきりやることがだな、哲学であり、そしてこのことをやることによって初めて、きょう、組織をつくりだしていくというのが僕たちの根本的な立場であるわけだ。代々木共産党のように「民族解放民主主義革命」路線という二〇頁ぐらいのパンフを見せて、「おい、どうだ、これ認めるか、入れ、入れ」と、そんなんじゃな、駄目なんだよ。俺たちの場合には、綱領というかたちでは、はっきりまだ書かれていない。そしてこれから皆でつくろうとしているんだ。皆がつくりあげていくわけだ。しかし、われわれの基本的な立場は〈反帝・反スタ〉だな。こういう立場はまあ、狂いっこねえわけだ。

よく「お前のところには綱領がない」、「規約があんまりはっきりしねえ」とか、ぶちぶち、ぶちぶち言う、形式的なことをな。そんなの、やる気がねえからなんだよ。大体な、革命をやるという場合には、「オシ、やる!」、これでいいんだよ。(笑) それがなけりゃな、やっぱり革命はできねえんだよ。これを以心伝心というわけなんだよな。(爆笑) そういうところがなけりゃ、やっぱりな、革命は。それじゃまずいからだな、一応へ反帝・反スタ〉ということでいろんな諸文書を出して俺たちの綱領をつくりつつあるわけだ。そして、このイデオロギー闘争をつうじて、へ反帝・反スタ〉の戦略的な理論を基礎づけていくとともに、ソ連論や現代革命論をこれからつくりあげていくわけだ。で、「お前のところは、ソ連論がねえ」とか「現代資本主義論がねえ」と言われて消耗するバカヤローがいるけどな、消耗する必要なんか全然ないと思うんだよな。とにかく俺たちはやるんだ、ぶっ壊すんだ、と。

だけどもな、「アメリカとソ連の二大ギャングの親分」なあんて書いちゃ全然パーだよ。(笑) こういうふうに書くのはな、なんつうか「ソ連は赤色帝国主義だ」というふうにとらえちゃうことになるわけだ。「二大ギャングの親分」とどっかに書いたんだよ、これ。* 笑っている人はどうも知ってるらしいけどな。そういうふうに「二大ギャングの親分」なんて書いちゃいけない。やはりな、帝国主義者とスターリニストとはな、区別と連関においてとらえなけりゃならない。だから、ギャングには違いねえけどな、しかしやはりな、帝国主義者と「赤色帝国主義」というふうに同一平面においてとらえることをわれわれは断固として拒否するわけだ。われわれの、わが同盟の立場とはいえない！　まったく。

＊　北川登「キューバ問題の現段階について」『前進』第一〇九号（一九六二年十一月十二日付）

よく『前進』に「スターリニスト帝国」という言葉が使われているけども、これもわれわれとはまったく無関係である。「帝国」という場合にはエンパイアだよ。エンパイアというのは、インペアリストの国のことをエンパイアと言うんでしょ。大日本帝国だな。「スターリニスト帝国」という言葉を使ったならば、スターリニストの国はインペアリストの国だ、帝国主義の国だということになっちゃうわけだよ。しかるに過去一年間にわたって『前進』を調べてごらん。「帝国」という言葉が三遍も四遍も出てくるんだよ。「いけない」と言うのに使うというのは、やはり頭脳構造がおかしいからだと思うけどな（笑）、その点はもうあきらめちゃったけども。しかし、やっぱり僕はそう思ってるということを伝えておく。

だから、概念というのもな、やはりな、スターリニストの国は一枚岩でスターリン的にはっきりしているから「帝国」と呼びたいのかも知れない。しかし、スターリニストの国を「帝国」と呼ぶのは、マックス・シャハトマンだ。われわれとは無縁なんだよ。そういう、あたりきしゃりきのことをだな、全然理解しないで、「スターリニスト帝国」というのを平気で使っちゃいけない。だから、やっぱり「字句のほじくり」*をやるべきだ、うふん。(笑)

＊　黒田は、学生組織委員会などの学習会にたいして「字句のほじくりだ」と嘲笑した武井健人を批判した。『日本の反スターリン主義運動　1』(こぶし書房)三四九頁参照。

ま、ともかくとして、そういう何というかな、われわれが革命的プロレタリアへ脱皮していく、そういう過程をぬきにしてな、いろんなことは絶対できない。だから、僕たちがこういうものを読む場合でも、たんに字面を解釈するんでなく、自分自身を高めていくための手段としてな、主体化していかなければならないわけだ。

まず第一のフォイエルバッハについて、というところにかんして言うならば、初っ端にかんしては一八四〇年代におけるドイツの思想状況が書かれている。……ここでちょっと休むか。

[休憩——この休憩時間に、動労、国労、全逓、金属の各産別の職場報告がおこなわれた。]

今のいろいろな現実的な闘争の状況報告というものと史的唯物論のイロハを勉強するということは、ちょっとんばかり、かけ離れているというふうに感じないわけにはいかない人たちもいると思うけれども、しかし、今の全逓、それから国鉄、動力車労組というような闘いがなぜこういうふうに起こってきたかという、その根本にあるのは合理化の問題であるわけだ。

この合理化の問題というふうなのも、たんに首切りというふうに受けとるわけではなく、受けとってしまってはまずいんであって、そういうのは、資本家的合理化の結果として首切りがなされる、そして首切りがなされたあと何も保障しない、ここが問題なわけだな。だから、生産過程が合理化されることそれ自体は、労働者の労働を軽くする、軽減する方向にもっていかれるべきことなんだ。にもかかわらず、資本主義社会における合理化というのは、同時に労働者の首切り、そういうものとして結果していくわけだな。本来、労働者の労働を軽減すべきであるにもかかわらず、合理化によって逆に「十六時間労働」というようなことになってくる。そうすることによって、余った人間は路頭に迷う方向にもっていく。しかも生活を保障はしない。

こういう資本主義社会における技術改革、これを合理化というんだが、この技術改革、生産過程の改善が同時に疎外労働の強化となる、こういう矛盾だな。この矛盾というものは、やはりね、われわれの史的唯物論のイロハというものを根本的につかみとっておかないかぎり、はっきりしたかたちではつかめないわけだ。ただ「首切り反対」ということになっちゃうわけだな。だから、そういう合理化という、われわれがいま直面させられているところの現実的諸問題、そういうものに本当に理論的に対決しうるためには、やはり縁遠いと思われるかのごとくな史的唯物論のイロハ的な問題をまずもってつかまえておかなけりゃならないということなんであって、われわれが『ドイツ・イデオロギー』をやるということは、たんに知識として覚えこむんじゃなく、われわれに襲いかかっているそういう合理化の問題にたいして答えなければならないし、そして、その合理化にたいして革命的労働者はどう組織的に対決すんのか、そういう組織論をわれわれの革命論の一環として位置づけていかなけりゃならないわけだ。

しかし、この『ドイツ・イデオロギー』においては、そういう革命論というところまででてるけども、われわれの現代革命をどう具体的にやっていくのか、という組織的な闘いについては直接には答えられていない。ただ、われわれが実現すべき将来社会、共産主義社会とは一体どういうものなのか、ということがここで描かれているわけだ。たとえば、合理化が「首切り反対」というふうになっちゃうのは、まったく資本主義社会のせいである、と。本当に技術改善がなされることが、同時に労働者の労働からの解放、疎外された労働からの解放というようなかたちにまでもっていかれなければならないんだ、というわれわれの闘いの未来と目標、こういうものを具体的な闘いのなかからわれわれはつかみとっていくんだけども、そういうものをすでにマルクスはこの段階、『ドイツ・イデオロギー』を書いた段階においてすでにつかみとっているわけだ。だから、僕たちの闘いの背骨となり筋金となるべきもの、それがこの『ドイツ・イデオロギー』に書かれているんだ、という角度からとらえてほしいと思うんだ。

Ⅲ　『ドイツ・イデオロギー』本文に即して

まず、直接「フォイエルバッハ」のところをだんだん入っていきたいと思うけれども、それぞれの学習会で今後、みんながやっていけばいいと思うけども。今日では、それをきょう全部、具体的につぶさにやるわけにはいかないんで、学習会を今後やっていくための指針、どういう角度からどう読んで、何が問題点なのか、そして、どのように今後掘りさげていけばいいのかという点に焦点を絞りながら、これから話をしていきたいと思う。

まず、岩波文庫一九頁、大月書店版一〇頁、ナウカの五頁のところからはじまるのは、いわゆる前置きであって、ドイツの、当時のドイツ、一八四〇年代の当時のドイツの精神的状況がまず最初のワン・パラグラフに書かれている。こういう状態を右目で見ながら、マルクスはこういうイデオロギー的な崩壊現象の根底にあるもの、これをだな、逆立ちさせる。天上から地上へというかたちで、後ででてくるけれども、物質的な変革の方向にもっていくことがマルクスの課題であるんだということが、その頁から後ずうっと「イデオロギー一般」の最後までな。「イデオロギー一般、特にドイツの」というのは、ドイツにおけるイデオロギーの一般的な事柄について書きましょう、と。ここのところはね、かなり、ヘーゲルだとかシュティルナーだとかフォイエルバッハだとか、人の名前がいろいろでてくるけれども、こういうことは最初気にかけないでふっ飛ばしちゃっていいいと思うんだな。

重要なことはだな、ここで、マルクスがやりたいということは、要するに、岩波版二二頁の行かえのところな、七行目あたりの行かえ、大月書店版一三頁、ナウカ版七頁の最後の行から四行目ぐらい、そこからが問題であるわけだ。ただたんに批判したんじゃ駄目だ、変革することが大切だという、『テーゼ』第十一項目で書かれている立場がここに書かれている。マルクスもまた、青年ヘーゲル派に属していたんだが、青年ヘーゲル派は批判をおこなうことしかしない。しかし、そういう意識の幻想だけを相手にしていたんじゃパーなんだ、と。われわれはそういう幻想がうみだされる現実的な基礎そのものを変革することなしには、幻想が後を絶たない、幻想が後から後からうみだされてくる。観念的な頭のでっちあげ、幻想ということはな、頭のなかで観念的にでっちあげることができてくるということが、岩波版二二頁の終りの方の四、五行、大月書店版はど真ん中あたりについて書かれているな。

結局、その頁〔岩波版二三頁〕の真ん中に棒〔仕切り線〕が引っぱってある直前、「ドイツの哲学とドイツの現実との関係」とか「ドイツの哲学の批判とその物質的基礎」、こういうかたちに書かれているけども、こういう批判のやり方を唯物論的批判という。一般的にいうならば、或る一定の思想や理論を、それがうみだされた物質的基礎から批判する、これが唯物論的批判の方法論であるわけだ。或る一定の理論、思想をそれがうみだされてきた現実的基礎から批判する、これがイデオロギーの唯物論的批判……〔テープが途切れている〕

史的唯物論の原理は何か

ところで、棒が引っぱってあるところの次から展開されているのが、そういう、ドイツの嘘っぱちイデオロギーにたいする唯物論的批判のための武器が、棒を引っぱってあるところからはじまる。「われわれの出発点は得手勝手なものじゃない。本当に現実にあるところから出発するんだ」というかたちではじまっている。岩波版の二三頁の終り、大月書店の一四頁、ナウカの九頁だな、ここからはじまって次の頁の「この生産は人口の増加」云々というふうに書いてあるところまで、岩波版二五頁の四行目ぐらいな。棒を引っぱってあるところからそこまでが、本質論を、史的唯物論の原理、史的唯物論の本質的なものは何かということが書かれている。ナウカ版は一〇頁の四行目ぐらいな、そこまで。大月版は一五頁まるいっぱいだな。

ところで、この棒を引っぱってあるところに、まずはじめに書かれていることは、認識の端初。「現実の出発点」に、番号つけた方がいいや。第一パラグラフを一番とつけて、「われわれの出発点は得手勝手なものじゃない」というところが第一パラグラフ。第二パラグラフはその次の行「およそ一切の人間の歴史の第一次的な前提は」、これを第二パラグラフとする。それから「人間は意識により、何とかにより区別されるけれども」云々、「労働することによってなんだ」と書いてあるのは、これが第三パラグラフ。その次の「人間は、彼らの生活手段を生産することによって」云々、これが第四パラグラフというふうに分けようと思う。

第一パラグラフにおいて書かれていることは、要するに、われわれの認識の出発点にかんする事柄、『マルクス主義の形成の論理』の一〇〇頁の絵［一三八頁の図参照］でいうと、B′、SないしはB′にかかわる問題が最初の第一パラグラフで書いてある。第二パラグラフにおいては、現実の出発点、社会が社会として存続するための現実の出発点が第二パラグラフに書かれてい

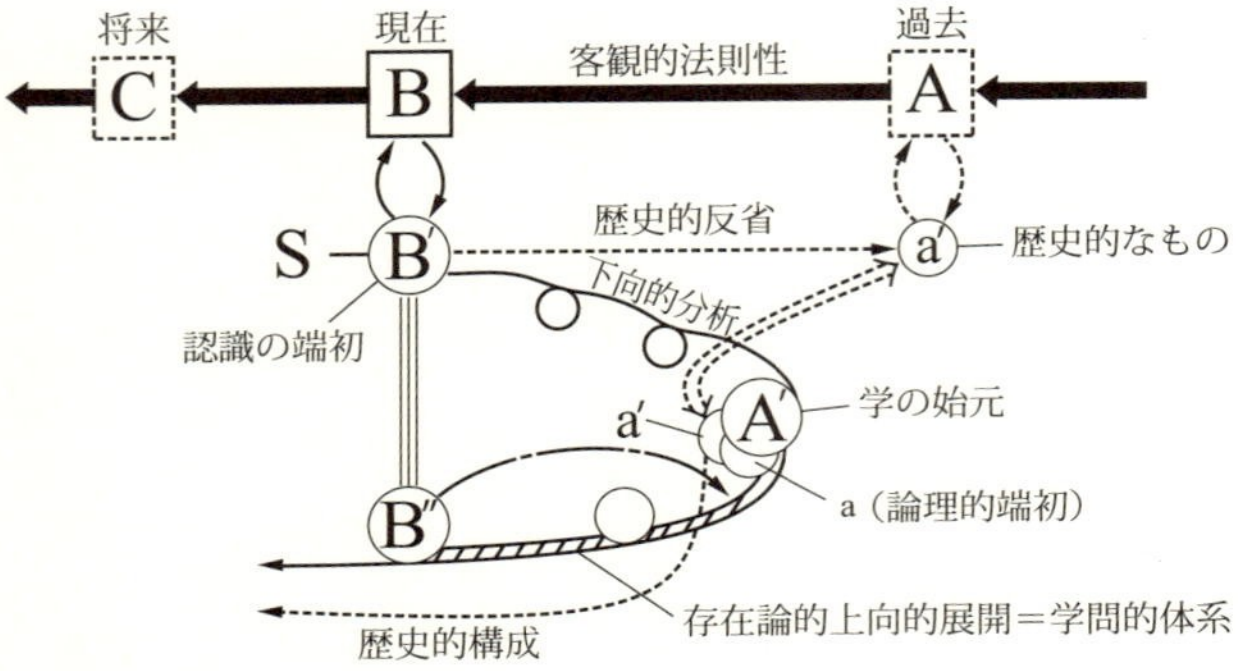

（『マルクス主義の形成の論理』100 頁）

る。とにかく、物をつくることなしには人間はおっ死んじゃう。こういうことが書いてある。第三パラグラフにおいては、人間歴史の出発点、宗教やなんかによって分けんじゃねえ、労働によって区別するんだ、と。歴史の出発点もそうだし、現実の出発点も生産だ。人間社会が発生したのはそういう生産からなんだ、ということが第二、第三パラグラフに書かれて、第四パラグラフにおいては、それらの総括だな、こういうのを論理的出発点という。史的唯物論の理論の始まりだな。史的唯物論の理論の始まり、あるいは学の始元という。だから、絵でいうとA′にあたるわけだ。いいかえるならば、A′という史的唯物論の原理はいいかえるならば論理的出発点。史的唯物論の原理、論理的出発点、こいつは同時に人間歴史の出発点であるとともに、それなしには人間の生活がないという意味における現実の出発点でもあるんだ、と。

『社会観の探求』のマドの一〇で書いてあることは、そのことをいってるわけだな。マドの一〇に「現実の出発点」、「歴史の出発点」、それから「論理的出発点」というのを「私たちの出発点」と書いてあるのは「論理的出発点」のことだよ。こういうふうにわれわれはつかみとる。この一頁間に書かれていることは、要するに、そういう、生産が社会の原則、原理をなすんだということがここで書かれている。

これと同様の内容は、「歴史」という項目のところに書かれているから、その頁を開いてください。岩波版三四頁、大月書店『選集』二四頁、ナウカが一八頁だ。この「歴史」というところの最初から大体、岩波版三九頁の四行目ぐらい、三行目ぐらいだな、「人口の増加にともなって、生産性の増大にともなって分業が発生する」というふうな直前のところまで。大月版だと二八頁のど真ん中あたり、ナウカだと二一頁の左から三行目。ここまでが、さっきと同じように史的唯物論の原理について書かれている。

どういうふうに書かれているかというと、まず最初に、ナウカで一八頁四行目、岩波版じゃ三四頁の左から四行目ぐらいかな、大月が二四頁六行目ぐらいか、「人間の物質的生活そのものの生産、これが一切の歴史の根本条件である」というふうに書かれているな。このことを

「一」と書く。

それから一〇行ばかりふっ飛ばして、「第二には、新しくうみだされた欲望の充足と新たな欲望ができる」ということが書いてあるな。ナウカ左から二行目、一八頁の。岩波版ちょうど真ん中あたりだな、三五頁の。大月も大体ど真ん中あたり、ダッシュ［二字分の棒線］の次だ。これの上に「二」と書いておく。

それから岩波版三六頁の二、三行目、大月書店版が二五頁の終りの方、ナウカ版がちょうど真ん中、一九頁の、そうでもねえか、八行目ぐらいだな。「第三の唯物論的な連関は、日々新たに自分自身をつくっていくところの人間が、他の人間をつくりはじめる」、これを「三番」と称する。これは人間が人間を産むことだな、簡単にいって、人間の生産にあたるわけだ。これを「三番」と名づける。

それから七行、ナウカで七行だから文庫版では一〇行ぐらいいって「三つの契機」と書いてあるだろ。この三つの契機というのは、いま言ったところの「生活そのものの生産」、一番のことを「生活手段の生産」というふうに規定する。第二番目を「再生産」規定という、第二番目を「再生産」規定。第三番目が「人間の生産」だな。

「三つの契機」があるというふうに書いて、すぐ直後に「生活の生産、すなわち」ということがあるだろ。「生活の生産」が、ここにいわれている「生活の生産」が史的唯物論の原理なんだよ、「生活の生産」ということが。「労働における自己の生活の生産」というものの肩に「A」とふる。「労働における自己の生活の生産」を「A」とふる。それから「生殖における他人の生活の生産」を「B」とふる。そうすると「A」は前の頁の「一」と「二」を含む、つまり「A」というのは「生産および再生産」の規定として統括されるわけだ。それから、「B」というのは「人間の生産」だな。……［図を描いている］……「生活の生産」というのはどういうことなのかというと、とにかく人間が食っていくということなんだな。食っていくためには、まず一番としては生活手段の生産、および二番としての再生産規定をあらわす。「B」というのは、生活の生産の社会的側面で、人間の生産にあたるわけだ。

ところがだな、その二、三行先に「共同労働*」という言葉があるでしょ。岩波版はすでに三六頁に入っているかな、ナウカ版は次の頁の右から四行目、三行目ぐらいか。それから大月書店版が二六頁の左から五行目ぐらいのとこだな。共同労働 Gemeinarbeit《ゲマインアルバイト》 この Gemeinarbeit というのが「四つの契機」という場合のやつなんだよ、四つ。これが四番目。共同労働が四番目。「四つの契機」という言葉はね、ナウカ版じゃその頁の左から六行目、岩波文庫じゃ三七頁の左から五行目ぐらいに「四つの契機」というのがあるはずだ。大月書店版『選集』二七頁のど真ん中、この「四つの契機」の四番目というのが共同労働にあたるわけだ。子供を産んで育てて、三番の人間の生産がなる。産んだら産みっ放しでなく働かせるというのが四番目だよ。

＊　共同労働、協働（協同労働）については『社会の弁証法』（こぶし書房）マド六九〜七〇、『「資本論」入門』（こぶし書房）二六三〜六四頁を参照。

だから、いま言ったことを図式化するとこういうことになるわけだ。「生活の生産」というのは、「A」というのと「B」という二つの契機。「A」というのは、「労働における自己の生活の生産」が「A」だな。「B」というやつが、「生殖における他人の生活の生産」だ。で、一番が生活手段の生産。二番が再生産規定。三番が人間の生産であり、四番が共同労働である。それでだな、『マルクス主義の形成の論理』の一〇一頁の左の上を見ると、こういう恰好の絵［一四三頁の図参照］があるだろう。これが一〇一頁の絵でいうと、これ［一、二番］が②になっていて、これ［三番］が③、これが生活手段の生産、こっちが人間の生産と書いてあるわ。

この四番をなぜ丸括弧にしたかということをここでふれておきたい。四番を丸括弧にしたゆえんのものはだな、四番を展開すること、共同労働を展開するということは、すでにかなり具体的な問題に入ってくるわけだ。だから、人間の生産というのは『社会観の探求』のマドの一

A　生産の論理構造

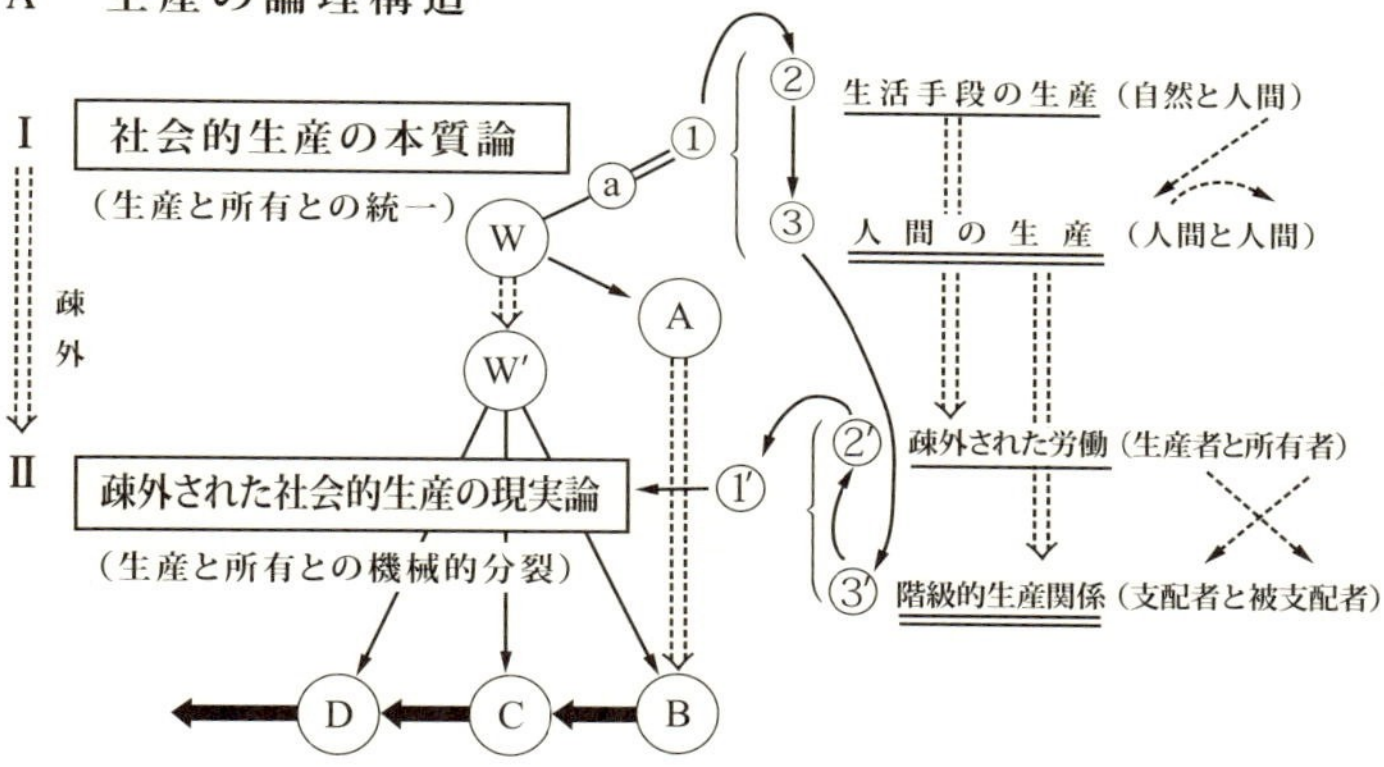

（『マルクス主義の形成の論理』101 頁）

二で展開されているわけであるけれども、この共同労働にかんしては、具体的な社会的生産諸関係の問題を問題にしなければならない。そういう意味において、同時に、生産関係の分析ということは同時に疎外された生産諸関係の分析に直接的に発展していく。で、マドの一三番に人間は「一個二重の関係」をとり結ぶということが書いてあるけれども、この対自然との関係、マドの一三な、対自然との関係と対人間との関係という「一個二重の関係」という言葉があるはずだ。それと同様の言葉はマドの六九に受け継がれていく。マドの六九にはゴチック〔『社会の弁証法』では傍点〕で「一個二重の関係」がある。そして、人間の生産にふまえながら『ドイツ・イデオロギー』でいうところの四番の関係、つまり共同労働あるいは労働関係、あるいは労働配置の問題は、『社会観の探求』では六九から展開されていく。

ところが、この『ドイツ・イデオロギー』においては、そういうふうなことは直接的に上向していくもんだから、あと見ても分かるように、今の共同労働の次の次の頁あたりは、すでに分業という問題に入っていくわけだな。分業とは、これは後で説明する、やめとこう。とにかく、『ドイツ・イデオロギー』では、ここに書かれているかたちでだな、対自然との技術的関係、それから対社会との関係、この対社会との関係においては労働関係が直接的に導入されていくわけだ。だけど『社会観の探求』では、要するに、ナウカ版では二〇頁以下を後ろにまわし、岩波文庫じゃ三六頁以下を後ろにまわし、そして純粋なかたちとして、片っ方は生活の生産、片っ方は人間の生産というふうにとらえた。だから、ここでは、四番のを丸括弧に入れてるわけだ。むしろ、これは入れたっていいわけだけども、叙述の関係上、四番を後まわしにした。実際に、協働関係をとり結ばなければ、人間の生産がおこなわれないということは大前提なわけだな。

なぜ、人間が社会的諸関係をとり結ばなければならないかということは、『社会観の探求』の［マド］一二番で血縁関係という社会的側面を説明し、一三番でそれの総括をやり、一四番において人間と人間との関係を、それらの両方の人間にとって対象であるところのもの、生産物、自然との関係において、種属生活、種属生活というのは人間の存在だということだな、人間はたんに孤立的な個人でなく社会的諸関係の総体として意義をもつ、そういう存在なんだ、ということがマドの一四番全体、一四番および一五番にわたって書かれているわけだ。マドの一四番のオケツに「言語」ということが書かれているわけなんだけども、このことは『ドイツ・イデオロギー』でも四番の規定、共同労働の規定のすぐ直後、ナウカ版では二〇頁の左から五行目あたり、岩波文庫じゃ三七、八頁にまたがってるところ、大月書店版では二七頁のど真ん中、ここには「言語とは何ぞや、他人にとっても私にとっても存在する現実的な意識なんだ」というようなことが、ここに書かれている。

そこでだな、こういう「歴史」というところに書かれている最初の点は、さっきやったところと同様にだな、さっきやったこととまったく同様に、史的唯物論の原理について書かれている。

一般に、理論を展開する場合には、原則的なものから展開していく。これを上向的展開というわけだな。ここにおいては、史的唯物論の原理は何か、というかたちでの下向分析的な叙述は、一応ここには書かれていない。下向分析というのは、現実的、現象的なものから本質的なものへ下がっていく。上がっていったって同じことなんだよ。抽象的なものはもっと天上に上がるんだから、上がっていくというふうにいうなら、これでもかまわないけどな。しかし、通例としては本質的なものを掘っていく、さらにさらに深く追求していくという意味で、そういう現象から本質へという認識の深まりを下向分析というんだよ。これをよく「かこう」、「かこう」というけど、下降じゃねえんだよ。やっぱり下向だな、「げこ」でなく「げこう」だ。また、僕が「下降」という言葉もまた使ってんだよ、下へ降る。下へ降るにたいしては上に昇る、上昇だな、下向にたいしては上向、こういうふうなパラレルに理解しなければいけない。

それで、『マルクス主義の形成の論理』に「下降」というのがゴチックであるけれども、それは要するに、学問的な次元から現実的な（後でこっちもでてくるけどな）、「天上の批判から地上の批判へ」、そういうふうにやっていくのを、下降というんだな。学問的なところでぺちゃぺちゃ、ぺちゃぺちゃ論争やってて、変なところでくるくる、くるくるいっちゃって収拾がつかなくなるときがあるだろう、論争が。それというのはな、天上の世界でやっているからだ。そこで、職場の具体的な問題にふまえてもう一度討論やりなおそうというのは、下降させるわけだな。そういうかたちで使う。

さて、もとへ戻って。さっきの……

会場から　ちょっと質問があるんです。『ドイツ・イデオロギー』で「三つの契機」と最初書いてあって、それから後の方で「四つの契機」というのがでてきますね。その第四番目が共同労働であることについては、いま説明されたんだけれども。もちろん、生活手段の生産にしても、再生産にしても、人間の生産にしても、そういったものはいずれも、何というか、実体概念の規定でないということは分かるんです。いわば、関係概念みたいなものとしてつかまえなければならないということは分かるんだけれども、四番目の共同労働というのはね、一、二、三の生産というものがおこなわれるときのひとつの実現形態なんじゃねえかと思うわけなんだけども。

そうそう、そうそう。

質問者　それを並列的に「四つの契機」として言っていいんでしょうか。

そうなんだよ。だから、それはまずいからそこまで言わなかったけどな。だからカギ括弧、丸括弧に入っているわけだな。

その点をもうちっと説明すると、『マルクス主義の形成の論理』を持っている人は一〇一頁を見てほしいと思うけども。この生活の生産というのを原理というわな。そうすると、この⒜というやつを本質規定というんだよ。生活手段の生産および人間の生産というのを本質規定と呼ぶ、本質規定。『形成の論理』、その後にだな、「自然と人間」、それから「人間と人間」と書いてあるな、これを実体的規定と呼ぶんだよ。そういう自然と人間……［図を描いている。図4参照］……という関係で、こういうかたちが、生活手段の生産だよな［S→O］。もちろん、こいつはパクルという意味で、食ったり、使用したりという意味でこういうふうにまた逆の線がある［O→S］。これが生活手段の生産だが、同時に人間は一人でいるわけじゃない。諸人間だよな［$S_1 \leftrightarrows S_2$］。こういうかたちで、子供を産むのを人間の生産というわけだ。この諸人間のあいだの関係を人間の生産というわけだな。そしてだな、こういう生活手段の生産というのを技術関係といい、こっちの関係を社会関係、生産関係という。

ところでだな、それを担っているものは何かというと、生活手段の生産の場合は自然と人間だけども、人間の生産の場合には男と女、抽象的に言えばね。男と女、それが実体をなす。関係の担い手だな。だから、生活手段の生産あるいは「労働における自己の生活の生産」、ない

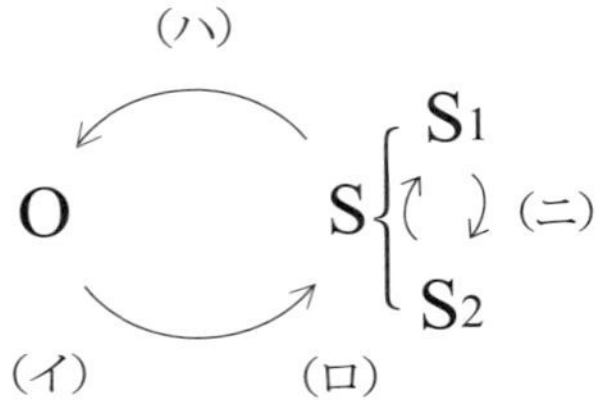

(イ)＝自然

(ロ)＝人間＝諸人間

(ハ)＝技術関係

(ニ)＝社会関係＝生産関係

【図4】

しは「生殖における他人の生活の生産」あるいは人間の生産、これは関係概念というふうに言ってもまずいので、本質規定というように言ってくださいよ、な。そして、そういう生活手段の生産および人間の生産を担っている実体規定が「自然と人間」、「人間と人間」、こういうことだな。

そういうふうにやるならばだな、労働関係というのは、生活手段［の生産］がどうおこなわれるかという、もっと現実的な問題になってくるわけだ。そうだろう。だから、いま「［四番目が］実現形態じゃねえか」というのは正しい。まさにそれゆえにだな、『社会観の探求』では、さっき言ったマドの六九以後にやる。番号が古いということは現実的な問題により近づいていったから、そういうことになったわけだな。そういう論理的な不明確さというのを依然として『ドイツ・イデオロギー』はもってるということからして、僕たちはそれを克服していかなけりゃいけない。

説明するのを忘れたけど、戻らないで岩波版の三七頁、大月書店版二六頁、ナウカの二〇頁のところに「この共同労働関係は一つの「生産力」である」という言葉がある。「生産力」という言葉にカギ括弧がついているわな。これが大切なんだよ。これを、今日の僕たちの言葉で言うと「生産諸力」と。「一つの生産諸力」というのはまずいから「生産力の実体」というふうに言った方がいいんだな。だけども、このところのカギ括弧がついているゆえんのものは、生産力を実現するための実体的諸規定のことをいってるわけだ。マルクスはこういうふうなことを書いているんだけども、三浦つとむという人はな、「マルクスはここで共同労働、労働関係というものは生産力だと書いている、労働関係、生産関係は生産力ですよ」と、こういうふうにカテゴリーをごちゃごちゃにやっちゃう。そうじゃないんだよな。直接的生産関係すなわち労働関係が生産力の実体となる、というようにこれを読まなけりゃいけないわけだ。労働関係が生産力の実体となる。このことの具体的な説明は『社会観の探求』のマドの五二番を見てください。マドの五二番を読めばだな、そういう生産諸力と生産関係との関係が書いてあるからな。

今の「歴史」のところの最初のところと、一番最初の棒［仕切り線］が引っぱってある、つまり岩波版二三頁、大月一四頁、ナウカの九頁、ここに書かれていることは同じことが書かれて重複させられているわけだ。だから、これを一緒に読んで理解する。

分業と「財産形態」

さっき終りにしたところ、「人口の増大とともに」云々というところだな。そこのところから次のパラグラフにまたがって、大体、約半頁分ぐらいね。ナウカ版では一〇頁の終りまで、岩波文庫は二五頁の終りまで、大月書店版は一六頁のほとんどすべてだな。ここに書かれていることは、生産の発展の物質的基礎の問題が書かれている。それで分業という問題がでてくる。生産諸力……［テープが途切れている］

……そういう分業ということは最初の方のところでは、「ただ生産の発展においては分業が一つのメルクマールとなる」ということが書いてあるわけだ。分業ってどういうことかというと、日本語に直すと労働との関係がちょっとあらわされてないんでまずいけども、英語では division of labour［ドイツ語では］Teilung《タイルング》 der《デァ》 Arbeit《アルバイト》 つまり労働分割ということよ。分業とは労働分割。労働があって、本質的に合目的的にやっている。ところが、それが分割される、分業ができる、疎外される、こういうふうにな。だから、労働と書いて矢印して労働分割と書いてな、分割＝疎外と書いて、また矢印して分業と書いておけば、関係が分かるわな。労働──→労働の分割、分割＝疎外──→分業と。こういう関係において理解しておけば、ははーん、分業というのは疎外社会における一つのあらわれだな、ということの理解ができると思う。

その次のパラグラフ、二五頁の終りの方だな、岩波文庫、ナウカで一〇頁の終りの方。ここに書かれていることはだな、「分業としては産業労働および商業労働、農耕労働」ということがあるけども、商業は労働と呼ばないんだよ、後年のマルクスにおいてはな。あれはなぜかというと、価値増殖をおこなわないから労働と呼ばない。資本主義社会において労働というのは価値増殖をおこなわれるものにかぎるわけだよ。商人というのは価値移転をおこなうだけだからな、あれはやっぱり、労働はしてるけども、労働なんじゃねえんだよな。荷物をかついで運搬してな、売って歩くというのはたしかに労働だよな。労働だけど、あれは価値移転をおこなって、価値を新しくうみだしていないという意味で労働とはいえない。

それから「都市と農村との社会的分業」ということが書かれている。その先に「経営様式」というのが書いてあって、「家父長制」だ、「奴隷制」だ、「諸身分」だ、「諸階級」だと、岩波版の二六頁の最初な。これは当時、社会構成の理論がないもんだから、「奴隷制」だ、「家父長制」だ、「諸身分」だ、「諸階級」だとざっくばらんにというか、メッチャクチャに入っているから。これを今日では「経営様式」という言葉は使わない、「生産様式」という言葉を使うべきなんだな。

ところで、生産様式というふうになると、原始共産体、奴隷制、農奴制、封建制（農奴制と封建制は同じだ）、資本制、社会主義というかたちになっていく。そうすると奴隷制と農奴制、そういう前近代的社会には身分的なものが支配しているけども、それを被支配階級と支配階級というふうに階級に分けていくんだというふうにとらえなければならないということは、『社会観の探求』のどっかで、前の方の何番だか忘れたけども書いてあると思うんだな。どこだっけな、一七番、『社会観の探求』の一七番を読んでもらえば、身分、階級、その辺のことは分かってもらえると思うから、ここではあんまり言わん。何番と言った？　『社会観の探求』、一七番を見てほしい。

そしてその次の頁［ナウカ版一一頁］、「分業の発展段階がいろいろ異なるにしたがって所有の形態」、「財産の形態が異なる」というところ。この「所有」でも「財産」でも翻訳はかまわないけども、「所有」というやつは動いている感じだけども、「財産」と言うと止まっている。原語が同じで、翻訳が岩波版は「所有」と訳しているけども「財産」というふうにやった方がここんとこはピンとくるわけだな。最初の二行か三行ぐらいは「分業の発展段階にしたがって財産のかたちも違ってくるよ」ということが指摘されて、第一パラグラフにおいては「種属財産」、つまり古代の原始共産体なんかにおけるところの、まだ階層分化がなかった時代の財産、共同体的財産というのを「種属財産」というかたちで説明する。

その次のパラグラフ、「第二の形態は古代の共同体的および国家的財産」、これは奴隷制社会における財産のことを書いてあって、この時代にすでに動産的不動産よ、「不動産的私有財産」てなことも書かれているわな、二、三行先に。ここのところはね、もうすでに古くなってきて別に大したことはないから簡単でいいんだ。

岩波版の二八頁の終りの方、ナウカじゃ一三頁の初めの方、大月書店版では一九頁の初めの方、つまり「第三の形態は」の直前、ここでどういうわけか知らないけど、根源的蓄積過程のことがちょっと書いてある。そして「第三の形態は」というところで、「第三の形態は封建的、農奴的財産形態」のことが書いてある。とくに注意すべきことは、分かんないだろうと思うことについてのみ指摘しておくと、ナウカ版のその頁の左から五行目、「封建的財産は一種の共同体を基礎とする」という言葉がある。岩波文庫じゃ二九頁のど真ん中よりちょっと左の方だな、大月書店は一九頁の終りの方。新潮社の人は分かるか？

会場から　分かりづらい。

分かりづらいな。そうするとどっかへ、岩波文庫持っている人の横に行った方がいいな、座席をかえて。大月書店版持っている人いる？　一人もいねえのか。みんな、国民文庫もないんだよ。

会場から　岩波文庫で何頁と書いときゃいいんだよ、岩波何頁って。後で合わせりゃいいんだ。

うん、そりゃそうだ。

まあ、「封建的な財産は一種の共同体を基礎とする」。この共同体というのは原始共産体にしかないんだよな、共同体というのは。しかし、前近代的社会においては、とくに「ギリシア的共同体」それから「ゲルマン的共同体」というふうに呼ばれるのがあるわな。これはさまざまな歴史的な形態があって一概にはいえないけども、簡単にいうならば、宗教的・身分的関係でつながっている、親分・子分の関係でつながっているということが「一種の」ということなんだよな。この点はまあ、『資本制生産に先行する諸形態』あたりを読んでもらってやればいいと思うけども、かなり難しいから、まあ、そういうことなんだということを念頭においてほしいと思う。それ以上の何ものでもない。

イデオロギーとその物質的基礎

で、岩波版の三一頁の四行目ぐらいから「かくして事実はこうである」。今度は新潮社の方もちゃんと本を見た方がいいぞ。「かくして事実はこうである」、こうして事実はこうなんだ、と。ナウカ一五頁の右から四行目あたり、岩波版三一頁。大体、分かると思うな。ここ以下に展開されていることは、イデオロギーの本質とは何か、イデオロギーとその物質的基礎との関係が「歴史」の前までにわたってずうっと書かれているわけだ。イデオロギーの本質とは何か。

新潮社、分かった？

会場から　分かりました。

その第一パラグラフ、ナウカ版の第二行目のな、「経済的」というのだったかな、これは誤訳だよ。これは「経験的」だな。まず第一に書かれているところはだな、「人間をぬかしちゃいけない、現実にあるがままの人間を出発点とするんだ」ということが、第一パラグラフにおいて書かれている。第二パラグラフ以下に、いろいろな理念や表象やこんなものがあるけれども、そういうものは「物質的行動の消化物」か「流出物」とか、何だかあんまりいい表現じゃないけども、要するに、現実的にこういうようなことをやっちゃうとな、タダモノ論になっちゃう可能性があるんだな。「流出」とか、こういうふうに簡単にやっちゃうとね。まあ、いいや。

とにかく、ここで言いたいことはな、根っこがあるよ、ということなんだよ。ふわふわ、ふわふわ、観念とか何とか、理念とか表象とか、そういうものは浮かんでいるんじゃないよ。人間の表象作用、思惟、考えること。表象作用というのはな、具体的に思い浮かべること、思惟作用とは考えること。精神的交通とは、お話しすること、コミュニケーション。こういうことは「物質的生活過程の必然的な生産物だ」ということが書いてあって、二、三行先へいくと、人間の意識とは「彼らの現実的な生活過程のことだ」と。意識とは「意識された存在」だという訳もあるし、「意識する存在」だというふうにやるのもあるし、ごまかして「意識的存在」と、こうやるわけだな。

意識された存在、意識する存在、意識的存在、と。Bewußtsein《ベヴストザイン》は bewußte-Sein《ベヴステザイン》とこうごまかしっていうかな、ドイツ語のあれでね、ひょっと、ハイフンが入ってんだよ。これの訳し方は非常に難しいんだよな。だから、どっちに角度を向けて訳すかによっていろいろあるわけだ。意識とは意識する存在というとえらく主体的だな。ところが、意識とは意識された存在にすぎない、というとこれは客体化されているわな。意識とは意識的存在とやると、これは意識する存在とちょっと似ている。まあ、これは主体的にいうと、意識とは意識する存在であり、意識する存在であるがゆえに意識された存在たりうるわけだな。そういう関係をちょっとここでつかんでおく。

次のパラグラフ、岩波文庫の三二頁の真ん中あたりだな。「天上から地上へ降りたつドイツ哲学とは反対に、われわれは」ということで始めてな、そのワン・パラグラフだいたい全体だな、現実の生活と意識との関係、現実生活と意識との関係がここで書いてある。最初に言ったように、意識とかドイツの哲学とかをその物質的基礎からつかまえなきゃいけないというのが唯物論的な把握だな。その現実というやつが、ここでは「現実の生活」というふうに規定され、その生活と意識との関係が書いてある。

「意識が生活を規定するんじゃなく、生活が意識を規定するんだ」という有名な言葉がここにあるし、これと同じようなことが『経済学批判』序文にでてくる。「社会的存在が社会的意識を規定する」と。意識というのは、つねに社会的なもんだから、「社会」をくっつけようがくっつけまいがかまわねえんだけども、ここではそういう相関関係においてとらえなきゃならない。この相関関係においてとらえるということはどういうことかというと、意識がでてくる、意識というのは、大脳という物質の一つの機能としてでてくるわけだな。だから、その意味では、物質が先だ。意識ができる以前に物質がなければ駄目なんだ。その意味では、物質が先だよ。しかし、意識が意識として成立してしまうと、今度は逆に、意識は現実を規定する、逆規定と、こういうんだがな。最初は現実が意識を規定するんだけども、そして大脳が意識を規定する、つまりこれをあわせて物質が意識を規定する。現実が意識を規定する、大脳が意識を規定する、これを二つあわせて物質的なものが意識を規定する、これが原則だ。こういう規定関係にのっとって意識が意識として成立すると、今度は意識が現実を規定する。

俺たちがやっていることはそうだよ。プロレタリア的意識をつかみとって、それを現実に貫徹していく運動をやっていく、というのは意識が実践を規定していく。そういう、逆の関係だな。こういうことをはっきりつかんでおかなきゃならない。これを梅本さんの言葉ですかして言うと、こういうことだ――「物質が意識に先行するのは原初的な一時点においてであって、具体的な生活過程においては意識と現実とは相対的だ」、「没価値的動因が価値的動因に優先するのは原初的な一時点だ」*と。こういうかたちでやるわけだよ、哲学というものはな、まったくな。すかしてるんだけど内容空虚なんだよな。(笑) 要するに、犬も歩けば棒にあたる、ということなんだよ、それを哲学的に言うとそうなるんだよ。

＊ 梅本克己『唯物史観と道徳』(こぶし書房) 一四四頁参照。

大体そういうことが書いてあって、その次の頁、「かくて現実的な生活において、思弁のやむところ、具体的な分析がはじまる」というのね、「歴史」のすぐ前、新しいパラグラフな、「かくて思弁のやむところ」云々と。ここの点は非常に説明するのが難しいんだよ。ここが一つの論争点になるし、関西ブントをやっつける場合には、これが非常に重大な問題になる。マルクス主義における哲学というのはねえんだ、と。このことをな、そのまま読んじゃうと「哲学はいらねえ」と。史的唯物論というのは「現実を分析する一般的な図式であって、困難は現実からはじまる」てなことが書かれているわけだ。「従来の」、このアクセントはやはり「従来の哲学」にあるんであって、従来の哲学は、とりあつかっていた問題、自然哲学、歴史哲学、法律哲学とかな、そういう問題は、法律学、自然科学、そういうものによって解決されていくんだ、ということより以上のものはここに書かれているわけでは決してない。

しかし、ここの論文と、ここで書かれているわずか半頁のことと『アンチ・デューリング論』で書かれていること、つまり「従来の哲学から残るものは形式論理学と弁証法であり、あとは自然科学、社会科学に解消する」というエンゲルスの言葉があるけども、これをちゃんと論じるには百枚、二百枚の論文をこれから書かなきゃいけねえわけだな。それだけの価値あるわけだ。しかし、これはもう、哲学的な問題で難しいから、一応ここではやらない。ただ、ヒントはな、『マルクス主義の形成の論理』のどこかに書いてあるから、そのヒントを読む。あるいは『探究』の四号の「試練にたつマルクス主義哲学」*というのの一番最後にね、書いてあるから、興味のある人はそこを読んでほしい。これが分かったら大したもんだよ。これをやるためには「デモクリトスとエピクロスの自然哲学の差異」というマルクスの文章、それから『ヘーゲル法哲学批判序説』、哲学の実現とプロレタリアートとの関係な、ああいうようなところとの関係においてやればいい。ああ、これはこの前テープ入れたな、ちょっとばかり喋った、第一回の入門講座**の日にな。だから、あの点を考慮して考えてください。

＊　『スターリン批判以後　上』（こぶし書房）に収録。
＊＊　第一回マルクス主義入門講座「哲学入門」、本シリーズ第一巻所収。

労働分割と私有財産

「歴史」のところは最初やっちまったから、今度はさっきやめたところから出発する。つまり、岩波版三九頁の最初から六行目ぐらい、ナウカの二一頁、新潮社版は分かった？「性行為における分業」というやつだよ。そこから以下が、分業論がはじまってくわけだな。「四つの契機」から約一頁とんだところだ、「四つの契機」からな。「性行為における分業」がアンファングであって「自然発生的な分業」、「本当の分業は肉体労働と精神労働への分割である」という言葉があるな。きょうは、ドイツ文を持ってこなかった、忘れちまった。この「分化」とか訳してあるのを、そっちのあれは何て書いてある？岩波は「分化」？「分割」？「分割」だな。この「分割」というのはTeilung《タイルング》であってな、労働分割と。典型的には精神労働と肉体労働とへの分割だと。ここではじめて分業の理論が分かると思うんだな。

ここのところの分業のところに書かれていることは、現実と意識との関係のことが再びここに書かれている。「分業が発生すると幻想が発生する」ということが書かれてあると同時に、岩波版次の頁に入っていくと、ナウカはその頁の後半部分においては、こういう幻想をアウフヘーベンするためには、こういう幻想を絶滅するためには、あるいは個人の観念論的な坊主的表現というようなものを絶滅するためには、分業をなくさなきゃならないということが直接にでてくるわけだな。そうすると、それは結論だからまずい、というんでボッと止まっちまうんだよ。ノートたるゆえんだな。ここで直接、分業をださなくったっていいんだよな、歴史をやる、唯物史観をやるんだから。そういう分業の止揚、アウフヘーベンという問題をださなくてもいいのにでちゃっている。

ここに「三つの契機」と書いてあるのは、「生産力」と「生産諸関係」および「意識」という三つで、あとの二つが今日の言葉でいえば「生産関係」ということなんだな。前者が物質的生産関係であり、後者がイデオロギー的生産関係と、レーニンの説明によるとね。生産力と物質的生産関係とイデオロギー的生産関係、こういう三つのものがあるわけだな。物質的生産関係の方をスターリニスト的に言うと「下部構造、土台」、イデオロギー的生産関係が「上部構造」と。こういうふうに言うわけだ。それから、その「註」は……

会場から　僕は分からないんですけどね、「性行為における分業」というのは分業の本質的な形態である、と。それで分業というのは要するに労働の疎外の一つのあらわれだというふうになってるとね。やっぱり性行為は分業しなければしょうがないでしょ、それが疎外なのかね。

疎外じゃないよ。(笑) 疎外された性行為もあるけどな。だから、これはな、「性行為における分業」というのは、一応の分業だけどもな、これは比喩的なもんでな、これはその何ていうか、ここんところの最後に限定詞があるだろう、「本来の分業」と。現実の分業というのは労働分割であってな、男と女、雄と雌というのは、これは動物にもつらぬいているところのな、原初的な、なぜこう分かれたのかな、分かんねえんだよ、早い話が。(笑) ミミズのようにくっついていると便利だろうと思う場合もあるだろう、うふふ。そういう、ミミズは一緒だよ、おまえ。ところが高等動物になるにしたがって分かれてる。こういうことをやるのはな、動物学ないしは自然人類学の問題なんだよな、自然人類学。で、史的唯物論ではな、これはただ、そういうふうに神様がつくったというふうに言わないんだよ。(笑) だから、そういうふうになっちゃった、と。そういう事実の確認のうえから出発するわけだよ。その先はな、分かんねえんだよ、依然としてクエスチョン。

疎外ということはな、そこからはな、やっぱり直接はでてこないんだよ。しかしな、やはり、仕事の関係でだな、昔はおっかさんの方が威張っていたんだな。ところがおとっつぁんが威張るようになっちゃったとかな。それはな、家父長制とか、いろんな母系制とか、区別がつかないから、おっかさん系統にするとかな。いろいろなこの、エンゲルスの『家族・私有財産および国家の起源』を読むと面白い。しかし、そこから子供を産んでくると、現実的諸条件が発達することによってだな、疎外があらわれてくるわけだ。

ところがだな、この和田八束という奴は、梯〔明秀〕さんの門下の少し頭のおかしい和田八束という坊主がいるわけだな。この和田八束という奴は「性行為における分業」をゴジラ化すんだよ。それで、「性行為における分業」から一切の疎外を結論しちゃう。これは絶対まずい。そうすると、共産主義社会もな、「性行為における分業」はあるわけだよ、「分業」と言っていいか分かんないけどな。男と女があるかぎり疎外が実現しちゃう、と。そんなことにならねえわけだよな。だから、何というか、「性行為における分業」というのは分業の本来の意味とは違うんで、まあ任務分担、と。(笑) これもおかしいけどな、とにかく、そういうような軽い意味だな。それで、そういう性行為における分かれ目という点に疎外の根源があるわけではない。疎外の根源はやはり、労働による生産諸条件の発達、人口の増加、そういう主体・客体的な現実的諸条件によって階級的な疎外、分業が発生してくるんだ、というふうにとらえてください。

会場から　それからもう一つ。さっきは「分業の発展段階が所有権形態を規定する」というところがあったでしょ。最初にマルクス、いつでも部族がでてくるわけでしょ。ところが、理論的には部族というのは、一つの部族所有ということは一つの団体的所有なんであって、共有というのは、要するに誰のものでもねえと、がゆえに類的存在としての人類のものであるというところに何か意味が……

誰のものでもねえと同時に誰のものでもある。

質問者　そうそう、だからさ、部族というのは厳密な意味じゃ、たとえば何というかな、一つの生産のかたちとしては、最初に採集経済やっているときにはね、これはもう、人間というのは類的存在以外の規定性はうけとらないわけですよ。ところがね、狩猟だとか漁撈なんかになるところはもう類的存在ではねえわけでしょ。団体なんかとか、グループなわけでしょ。

うん、うん。

質問者　そうなってくるとね、そういう過程で発生してくる部族というのは、これは厳密な意味で共同体じゃねえと、本当の意味でのね。人類共同体じゃねえ。だから何々共同体ということがね、たとえば部族共同体的所有、と。それから、ずうっと封建社会の、たとえばゲルマン共同体的所有というような、何々という形容詞がつく共同体はね、みんな僕は、その……

エセだ。

質問者　エセだと思うんだよね。

擬似だな。

質問者　だから部族所有権形態ということはすでに理論的には原始共産制の段階ではない、ということを意味しているんではないですか。

うーん、その点はよく分かんないんだけどな。

質問者　その昔さ、ブントの奴らが、黒田さんの言葉で言うとゴジラ化しちゃってさ、「理論的に原始共産制は存在しねえ」と。

理論的に？

質問者　「理論的にはね、原始共産制は存在しねえ」というようなことを言いだしたことがあるんだよね、早稲田でね。その出どころは佐久間元あたりじゃないかとその当時は思ってたんだけどね。「人類というのは発生したときから何らかのかたちでグループをもってんだ、だからグループというのは排他的なものであるから、本質的にね。だから理論的にいって原始共産制というのは存在しねえんじゃねえか、マルクスが間違っているんじゃないか」というところまでいっちゃったことがあったけども、それはともかくとしてね。部族所有権的形態というのは、およそ原始共産制の社会で所有権概念そのものがないわけでしょ。

そうそう、そうそう、そうだよ。

質問者　「権」なんて、所有ということ自体が人間の本来的行為であって権利なんていうものとして意識されない。

そうだよ、そうだよ。

質問者　だから、部族所有権というのは原始共産制のことをいってんじゃねえ、というふうにとっちゃまずいんでしょうか。

だから部族の問題は、よく僕は分かんないけどな。「権」というのがでてくるということはだな、すでにそういう意識をもっている、と。権利の問題がでてくるっていうのは、階級的な分裂の萌芽がすでにでてくるわけだよ。まあ、これは権力の問題とつながってんだよな。その点のけじめのとこは具体的には僕自身分かんねえな。その点は「モルガン・ノート」とか何とか、『古代社会』のあの原始共産体とのけじめとアジア的生産様式の問題な、ウィットフォーゲルの『東洋的専制主義』〔論争社、一九六一年〕か、あのでっかい本なんか勉強してくんろ。

会場から　マルクスのアジア的生産様式というのはねえでしょ、説明が。

うん、それは『資本制生産に先行する諸形態』にあんだよ。それにのっかってアジア的生産様式をゴジラ化したのが、そのウィットフォーゲルだよ。

分業とさっきそこにでたけどな、「分業の発展段階によって生産の所有形態が決まる」というのはだな、当時のマルクスのごまかしなんだよな。一切合財、この分業という場合にはな、生産のしかたの発展というような意味なんだな、ここで使っている分業とは。だから、僕らが今日、『資本論』において使われている「分業」という言葉とはちょっと違うんだよ。要するに、生産が発展するということを分業の緻密化、精密化というような、おおざっぱに理解しているわけだよな。しかし、われわれが、今日ここで学ぶべきことというのは、労働が分割される、精神労働と肉体労働へ分割される、そして、これが支配階級および被支配階級として階級的に固定化されていくその根拠を労働のなかにつかまえた、この点をつかめばいいと思うんだな。で、細かい註があって、細かい註のなかで重要なことは、一番終りの方に「生活の生産」、終りの方かな、まあ終りの方だな、「人間の歴史は生活自身を生産する」と。「特定の様式で生産する」というような、ちょっと簡単なまとめがある。

そして、再びその註が終ったあとで、再び次の頁にいって、ここでは重要なことが書かれている。分業、分配、私有財産の関係が書かれている。岩波版では四三頁の初め。註のすぐ次だから分かるな、そっちも。ここで書かれていることは、「分業というのは労働が分割される」、労働が分割されると、別の仕事をやってんだから、Aの人とBの人とが生産物を交換しなきゃしょうがねえわけだな。「交換するということは生産物を全体的に分け与えるということだ」と。そうして、「そういうものが止まると私有財産ができる」。最後に、「私有財産と分業とは同一の事柄を別の面においてとらえたにすぎない。片っ方は止まったかたちにおいて、片っ方では活動においてとらえる」、非常にいいことが書いてあるな。ダッシュのすぐ前だ。こういうとらえ方な、私有財産は私有財産なのよ、分業は分業なのよ、というふうにやっちゃわないで、分業とは労働分割だ、労働分割がされ労働が疎外される、労働が分割され疎外されるからこそ私有財産というものがつくられるんだ。私有財産は結果的な生産物の面からいうんであり、分業、労働の分割というのは活動の関係においていうんだ、ということがここで書かれている。

で、その先、五、六行先いくと重要な事柄は、「労働の疎外、その結果としての生産物からの疎外」ということが書かれている。「自然発生的に分業化され」ということは、「分割化され」って直した方がいいな。「分業化され」と、ナウカの左の頁、二五頁の右から二行目に「分業化」という言葉があるけれど、それは「分割化」されるというふうに訳する。そして、労働が分割されるから、つくられた生産物がそれをつくった生産者に対立するんだ。これを、前の年のマルクスは「生産物からの人間の疎外」と名づけたわけだ。この「生産物からの人間の疎外」ということはどういうことかというと、「社会的活動の固定化だ」ということが二、三行、五、六行先に出てくる、「国家」のすぐ前な。

国家の本質と「共産主義革命」

そして今度は、もう一丁、「そしてほかならぬ特殊的利害と共同利害との矛盾が発生する」というあたりから、「疎外の集中的表現としての国家」の問題が展開されていく。岩波版四四頁のど真ん中あたりだな、「一個独立なかたちをとって、すなわち幻想的な共同性としてあらわれる」と。

この点にかんして、いろいろ問題があるんで、津田道夫の理解のしかたはパーだな。ああいうのをな、こういう主体的に書かれているものの客観主義的説明というんだよ。津田道夫の『国家と革命の理論』〔青木書店、一九六一年〕という本があるわな。あの本にゴチックが二つあるんだよ。そこだけ読めばいいと思うんだな。後の方のゴチックは、「特殊的なものを一般的にするのがスターリン、ブハーリンで、一般的なものを特殊におしつけるのがトロツキズムだ」という、こういう悪口が書いてある。そういうことを言ったってしょうがねえ、機能論にすぎない。もう一丁のゴチックはだな、ここに書かれていることの客観主義的な解釈だよ。ここではどう書かれているかというと、「支配階級たらんとする或る一定の階級が、てめえの利害を一般的な利害として全社会に妥当させるために」と、そういう支配階級の立場によって書かれているわけだな。ところが、津田の場合には、支配階級と被支配階級の関係を横から眺めてね、「支配階級の特殊的利害が同時に一般的利害として妥当させられる」というそういう主体的なもんじゃなく、「特殊的な利害が社会全体の利害であるように見せかけられる」という結果の面から理解している。これが津田の理解のしかたのごまかしだ。この点はちょっと難しいけども、早稲田大学で、マル学同で出しているガリ版*でも、興味のある人はちゃんと読んでほしいと思うな。

＊『国家論にかんする最近の混乱――梅本克己と津田道夫の国家論の誤り』（黒田寛一）という冊子が革共同全国委早大細胞から出された。『スターリン批判以後　上』三二〇頁以下に収録。

そういうことの客観主義的な理解と関連して、誤訳というのがあるんだけども、岩波版四五頁のど真ん中よりちょっと左の方に「特殊的利害が一般的利害としておしだされる」という言葉があるでしょう。この「おしだされる」というのはパーでね、妥当させるというふうに主体的にやらなきゃ駄目だよ。「おしだされる」ではなく、おしだすんだよ、だされるんじゃなくな。「妥当させる」というふうに翻訳を直す。ナウカもまずいや。「主張される」とか何とか書いてあるの、これは「妥当させる」というふうにやらなければ駄目だ。つまり、特殊なもので一般的じゃないんだよ。そういう特殊なものを社会に、これが全社会にとって必要なんだというようにおしつけちゃうわけだ。妥当させる、というふうに使うわけだな。妥当させるから、これが普遍妥当性を、その社会にとっての普遍妥当性をもってくる、というかたちでここでは書いてある。

この「幻想的な共同性」というのは、やはり、国家の本質であるというふうに、われわれはとらえていい。国家権力というものができるのは、国家権力ができるのは、そういう「幻想的な共同性」という点に根っこをもっているわけだ。だから、その幻想的なもんだということからして、権力の発動が暴力となる。ここの言葉で言えば、「実践的に干渉する」とか何とか、不正確だけど、そういう意味のことが書いてあるわけだな。そういう、国家がいかに形成されるかという国家形成の論理がここで書かれてあるんであって、梅本さんがその『人間論』〔三一書房、一九六二年〕という本の第Ⅱ部で国家論を書いているけども、あそこのはレーニン的な実体論的規定に足を引っぱられて、あれはまずい。だから、津田道夫が空気入っちゃう。馬鹿な奴に空気を入れるような批判をして、非常にまずかったな。まあいいや。まあ、それは他《ひ》人《と》のことだから。やっぱり、俺たちは『ドイツ・イデオロギー』というものをもう少し主体的にとらえかえしていく必要がある。

そういう国家というのが「階級社会の疎外された現実の集中的表現」だということが書いて

あって、その後には世界革命の論理が書いてある。「哲学者はこういうことを疎外と言ってきた」という言葉があるな。この疎外をアウフヘーベンするためには二つの条件がいる。「一方においては、人間大衆を無産者として生産すると同時に、他方では、生産諸力が発展しなけりゃいけない」と。主体的な諸条件と客体的な諸条件。無産者というのはプロレタリアということだよ、プロレタリアというのは無産者ということだ。つまり、生産手段をもってないということが無産者ということな。この頃「無産者運動」なあんて言わないけども、大正時代には「無産者運動」と、こういうふうに言ったんだよ。

で、「生産力の或る一定の発展段階、資本主義的な生産の発展と、それから大衆、革命的大衆がなけりゃならない」ということが書いてある。二、三行先に「生産諸力のこういう発展がなければ欠乏が一般化されてしまい、したがって生活必需品、生活手段のぶんどりあいが起こってしまう」ということがはっきり書いてあるけれども、これはソ連のような後進国で革命がおこなわれた場合にはパーになると、革命が挫折するということを、約百年前に予言したわけだ。理論というものはこういうもんだよな。素晴らしいもんですよ。

そういう「生産力の発展」、「孤立・後進・世界革命の遅延」というかたちで挫折してしまった、と。この文章がな、トロツキーの『裏切られた革命』の第五章のどっかの初っ端に書かれているからな。第五章だったか第三章だったか忘れた、たぶん第三章だと思ったな。『裏切られた革命』でこれが書かれている。* なぜなら、トロツキーが『裏切られた革命』を書く直前にこの『ドイツ・イデオロギー』がロシア語版で出たわけだから、やっぱりトロちゃんは一所懸命勉強したんだよ。「うーん、なるほど」とマルクスの言ったことに賛成したんだな。「綱領と現実」という小さい項目のとこだ、たぶん。『裏切り』のな、「綱領と現実」。そういうものにのっかって、「世界史的な、経験的に普遍的な存在」ということは、要するに資本制生産が世界的に発展していくならば、全世界的地球的な規模でプロレタリア、無産者がどんどん出てくる、これがプロレタリア世界革命の前提条件である、と。

＊ トロツキーは『裏切られた革命』第三章・四の冒頭で『ドイツ・イデオロギー』の右の一文を引用し、直面する諸困難に対決するための「欠くべからざる理論的鍵をあたえている」と評価している。（『トロツキー選集・補巻2』現代思潮社）

そこで問題なのは、二、三行先に「「一挙に」、あるいは同時的に」という言葉があるわな。この「「一挙に」、あるいは同時的に」でなければ世界革命はできない、と。ところが、このことは生産力の普遍的な発展およびこれと関連するところの世界交通を前提として、初めて「「一挙に」、あるいは同時的に」おこなわれる、というふうに読むべきなんだよ。ところが、かつてのブントというのはな、「一挙に」あるいは「同時的に」世界革命はおこなわれるもんだと頭からおいちゃって、それでぱーぱーぱーというんでな、ウルトラっちゃった。そういうのがあるんだな。だから、「「一挙に」、あるいは同時的に」というふうにここでマルクスが書いていたのは、一八四九年から六〇年代における西ヨーロッパ革命というものを一つのイメージとして描いている。たとえば、『共産党宣言』の終りの方に「ドイツ革命、フランス革命へ、フランス革命かイギリス革命が発端となってドイツ革命にまきかえしてヨーロッパの連続革命が完遂する」と、「連続革命」という言葉はないけどもな、そういうことが書かれていることを想いだしている諸君もいると思うけども。そういうところを読む場合に、『ドイツ・イデオロギー』のこの「「一挙に」、あるいは同時的に」というところを読んでほしい。「一挙に」というのは極左になっちゃ困るからちゃんとカギ括弧に入っているはずだよ。「同時的に」というのは時間的同時的でなく、論理的に同時的なんだよ。

大体、革命がヨーロッパ的規模で同時にやるなんてことは絶対ありえないんだよ。いくらなんだって、半年ぐらいガチャコン、ガチャコン、ガチャコン、鉄道線路か何かを伝わって革命戦争がおこなわれるような恰好になるだろうよ。革命戦争っていうのは、ストライキだけどな。革命戦争というとすぐ武器・弾薬でポンポーンとやるのを考えちゃ、むさいよ。（笑）とにかく、ゼネラルストライキをな、いかにやって交通をマヒさせ、軍隊の輸送を拒否し、そして警察の来るのを止める。しかし、プープープーと、何つうんだ、ひでえいい車もってやがってなあ、逃げるの大変だと思うよ、これから。（笑）アンテナとあれで、デモのところを、ちゃんとすーっとアンテナやっていろいろ話をしてやんのな。ああいうの、僕たちもあるといいと思うんだけどなあ。（笑）ああいうのを持ってるから、かなり難しい。「一挙に」あるいは「同時的に」というのを時間的に解釈しちゃうとブント的極左がでてくるから注意する。

　ここのところで重要なことは、世界的な生産の発展と交通関係の発展ということをとらえておくことが必要だ。大体ナウカの二八頁の終りまで、岩波の四八頁の真ん中ぐらいまでが、そういう世界市場と世界的生産の拡大と、世界市場と世界革命の関連が書かれている。

　そして「意識の生産について」という直前のワンパラグラフ、これが重要なんだよな。「市民社会」ということがここで書かれているな。この「市民社会」という言葉はだな、今日の言葉でいうと「社会構成」あるいは「社会経済構成」という概念として僕たちはとらえなければならない。ここの文章を読んでいくとな、「市民社会というのは一切の歴史のかまどである」云々というのがあるでしょ、「一切の歴史のかまど」だ、と。「市民社会は生産力の一定の発展段階における諸個人の」云々と。だから、市民社会の原語は bürgerliche《ビュルガリッヒェ》 Gesellschaft《ゲゼルシャフト》 でブルジョア社会なんだよ、ブルジョア社会。ところがここでは、ブルジョア社会という言葉を同時に社会一般に使ってるわけだ。ブルジョア社会ということをな、社会一般に使ってる。これはどういうことかというとだ、ちょっと複雑になるけども、さっきヘーゲルについて喋ったこととの関係において、ちょっと言っておきたいと思う。

ヘーゲルにおいては、さっきも言ったように、市民社会、ブルジョア社会というのは社会一般というふうにとらえられていた。こういうヘーゲル的な用語法をマルクスも受け継いでいるわけだ。なぜかというと、古代奴隷制においては Bürger《ビュルガー》というのがいたんだよ。ビュルガー、翻訳して「自由民」だな。資本主義社会におけるビュルガーをブルジョアジーというんだよな。資本主義社会における自由人、ビュルガーをブルジョアジーという。古代にもビュルガーがいたし、資本主義社会にもビュルガーがいた。だから、bürgerliche Gesellschaft というふうにおかちめんこにやっちゃったらしいんだな、ヘーゲルは。共通性で縛っちゃったわけだ。だから、bürgerliche Gesellschaft 市民社会ということで社会一般を理解していたわけだ。そういう『法の哲学』におけるヘーゲルの使い方を受け継ぎながら、同時にそれをさらに経済的に規定していこうとするのが、この『ドイツ・イデオロギー』のここでの展開である。

だから、今のワンパラグラフの一番終りの方に「生産および交通について直接に発展する社会形態」云々、「社会形態」じゃないかもしんねえな。「社会組織」、「社会秩序」、こういう規定は、社会一般の規定でしょ。だから市民社会というのは、僕らとしては社会構成ないしは社会形態というふうにとらえてほしいと思うんだな。そして、市民社会というのじゃむさいというんで、あとでは「交通」という言葉でおきかえられている。この『ドイツ・イデオロギー』の後ろの方では「交通形態自体の生産」という言葉が書かれているけども、これは内容的な意味でいうと、社会形態の新しい創造ということなんだ。なぜ「交通形態」というふうにマルクスが使ったのかということはよく分からない。当時、ようやく汽車ぽっぽができたということにも関係があるっていうように僕は思うんだけどな。ずいぶん方々が近くなった、交通を軸にしてヨーロッパ社会が発展していったということを一つの物質的基礎としていると思われる。

次の「意識の生産について」ということの前には、「共産主義革命」とは何ぞやということがまず初めの方に書かれている。「共産主義革命というのは、生産諸力の統制と意識的な支配」という問題が書かれている。岩波版五〇頁から五一頁にかけて。そして、五一頁のど真ん中あたり、ナウカは三〇頁の終りから三一頁にかけては、史的唯物論のＡＢＣが書いてある。「この史観によれば、現実の生活過程は生活の……」何だっけな、忘れちゃった。まあ、読めば分かるでしょ。「現実の生活過程からイデオロギー的観念物がこうできるんだ」というイロハが書いてあるわけだな。経済的なものから観念的なものができてくるという、こういう史的唯物論のイロハが書いてあって、それから「諸観念のいろいろな形成物は実践から説明されるんだ」、すでに五二頁に移って岩波版では。五二頁に移って、そしてまた革命の話がポーンとでてきて、その先には、今度は生産力と生産関係の弁証法が書いてある。

つまり、岩波版五二頁の終りの方、ナウカ三二頁の終りの方、ここでは生産力と生産関係の弁証法が書いてある。ここでは、「人間が環境をつくると同時に環境が人間をつくるんだ」、そういう環境と人間との相互関係、しかも「各個人は前の世代からの、受け継いだ精神的および物理的な、精神的および物質的なものを前提とし、そのうえにたって生産をおこなう」と。この書き方は、一八四七年に書いたマルクスの「アネンコフへの手紙」(『哲学の貧困』という本の付録に載っかっているやつ)および『哲学の貧困』における生産力と生産関係の弁証法とほとんど同じ語句の使い方をやっているから、その点を見てほしいと思う。

何というか、こういう生産力と生産関係のつかみ方は『ドイツ・イデオロギー』、ナウカ四〇頁にも同じようなことがでてくる。岩波版では、どこでした?　四〇頁じゃねえかも知れない。間違ったらしい。もっと後ろだ。……大変だなこりゃ、終らねえな。……あ、ここだ、ここだ。えーと七四頁。ナウカ七四頁、岩波版一〇九頁から一一〇頁にかけてね、ここんとこで生産力と生産関係の弁証法がでてくる。「共産主義――交通形態自体の生産」というところから二頁目ぐらいですよ、新潮社の人。「交通形態自体の再生産」の二頁目、またこれ、後でやる。

少しピッチを上げる。こういう生産力と生産関係の弁証法をやった後でだな、たとえば岩波文庫の五三頁の真ん中あたり、行かえの前だな、ここでは重要なことが書いてある。ナウカ三二頁の五行目ぐらい、「生産諸力と他方では革命的大衆」と。このようにな、一方では生産力、他方では革命的大衆というように客体的条件と主体的条件をつねにかならずおさえていく。こういうやり方をちゃんとやっとかないと、生産力主義に陥る。生産力主義というのは、生産が上がりゃ何とかなるという、こういうフルシチョフ路線のことをいうんだな。これは具体的に後でやるとして。

岩波文庫の五三頁の終りの方から五行目あたりからあと、つまり「すべての従来の歴史観は」というところから終りまでは、歴史哲学への批判ということが展開されていく。約四頁ぐらいかな、岩波文庫の五八頁まで、ナウカ三五頁まで。ここんところは、歴史哲学への批判。別にここのところは目くじらたてて読む必要はない。これは飛ばしてもかまわない。フォイエルバッハについてふれたところはさっきやったから一応飛ばす。

史的唯物論におけるイデオロギー論

そして重要な点は、そういうフォイエルバッハの説明が終ったところ、つまり岩波版の六四頁の終りから五、六行目あたり、ナウカ四〇頁、「歴史は」云々というところ。ここから以下は、一応マルクスのポジティブな展開をしめしているわけだ。マルクスが史的唯物論的なイデオロギー論をここから展開していく。とくに重要なことは、岩波文庫六六頁の最初のパラグラフ、ナウカ四一頁の左から三行目、みんな暗記している言葉がでてくる。「支配階級の思想はいつの時代にも支配的な思想である。それはなぜかというと、物質的な生活手段ばかりでなく精神的な生活手段、マスコミをもパクってるからなんだ」、こういうことが書いてあるわけだ。そういうふうに読むんだよ、読むときは。な、現代的にすかして、そうするとよく分かる。

それからその先には、こういうのを前提としながら、「イデオローグ」というのは一体何なのかというのが、岩波版の六七頁のところにイデオローグとは、ということが書いてある。ひとつ重要なことは岩波版の六七頁のちょうど真ん中あたりにだな、「この階級が危うくされるような実際的な衝突においては、敵対関係や階級関係が」云々という一つの文章があるわな。こういうとらえ方というのが、今日の俗流スターリニストの唯物論にはないから注意を要する。

そして岩波版六八頁の四行目あたり、ナウカ版四三頁のど真ん中あたりから終りの方へかけては、「革命的思想とは何ぞや」と。「自分の本来の目的を貫徹するためにはみずからの利害を貫徹しなければならない」、しかも「プロレタリアは自分の主張に普遍性という仮象をあたえる必要はねえんだ」、「てめえの思想、理論、利害、それを貫徹することが同時に全人類の解放になるんだ」、こういう把握のしかた、重要だね。これは『社会観の探求』の一一一と一一二、マドのな、一一一と一一二に、こういうことが書いてあるからそれを連関においてつかんでほしいと思う。

そして、ちっとんばかり註があって、註の次には史的観念論、ヘーゲル主義的なもののつかみ方への批判が展開される。岩波版の六九頁の終りからずうっと「交通と生産力」の前あたりまでな、全部が史的観念論批判。これはヘーゲル哲学の論理が何かってことが分かってないとなかなか難しいからね、最初の人は読まなくて結構。で、七〇頁の終りから七一頁にかけて、一、二、三と書いてあるでしょ。七〇頁の終りから七一頁、ナウカ四五頁の真ん中から左、「第一には」云々、「幻想の支配」、それから「概念の昆虫的な自己分裂」。「昆虫的精神」というのは、フォイエルバッハがヘーゲルについて「ヘーゲルの精神というのは昆虫のおなかのようによく分かれている」という悪口言ったんだな、「ヘーゲルの絶対理念は昆虫学的精神だ」〔『将来の哲学の根本命題』岩波文庫〕と。昆虫ってインセクトよな、六本足のやつ、あれ、いくつにくびれていたか忘れちゃった。まあ、トンボのようなやつな。そういうようなものがヘーゲルの理念だというふうにフォイエルバッハが批判したことを受け継いでいる。それで、ヘーゲルの場合には、或る絶対者、絶対理念が自分自身をこのように分割して、自己限定していって体系をつくりあげていく、ということがここで批判されている。要するに、ヘーゲルの哲学体系の論理的ごまかしをここで暴露している。

さて、「イデオロギーの現実的基礎」というところにかんしては、今日においてはすでに事実としていろいろ古いことになってきてるから、あまり目くじらたてて読む必要はない。もちろん最初のな、第一頁、岩波版七三頁全体あたりはがっちり読む。

その先には歴史的な発展、いままでの歴史、「同業組合」がどういうふうにしてできて、「中世のマニファクチュア」がどういうふうにしてできたと、こういうことが書いてあるけれども、それは自分自身で読んでみれば大体分かることだが、重要な点を指摘すると、岩波版の七九頁の三行目あたりに「階級」の規定がある。ナウカ五一頁、岩波版七九頁に「階級」の規定があるわな、こういうこと。それから「マニファクチュア」がその先に、八一頁あたりにマニファクチュアのことが書いてあって、それからずうっとマニファクチュアだな、こりゃ。それから、ここんところは資本主義がどう発展してくるかという具体的な歴史的事実を書いているけども、ここのところはまあそのぐらいでいい。「大工業」がようやっと八九頁になってでてくる、岩波版は八九頁、ナウカ五九頁。岩波版九〇頁二行目、ナウカ五九頁左から二行目、「自然科学は資本へ従属する」という自然科学の階級性がピタッとここで書いてあるんだよ。ところが、今日の構改派の諸君は自然科学は無階級的なんだよ。スターリンもそうなんだよ。そういうデタラメなものはな、こういう『ドイツ・イデオロギー』ですら粉砕できるんだよ。

そして、岩波版九〇頁の終りから九一頁にかけて、ナウカ五九、六〇頁のど真ん中あたりにおいて「民族性、国民性の抹殺」、大工業が発展すると民族的に枠なんかつくってたってしょうがない、ぶっ壊れるんだ、という世界革命の物質的基礎、そういう問題がここに書かれている。それは、生産力が発展し大工業が発展することなしにはできない。で、「註」のところには「団結」のことについてちょっとんばかり書いてあるな。だからここにある「註」、「財産にたいする国家および法の関係」の直前にある「註」というのは、かなり重要なことがちょっと書いてあるから、よく、あとでじっくり頭を冷やして読む。

それから、岩波版九三頁、ナウカ六二頁においては、「国家」という問題が再びここでくり返されている。この国家のつかみ方は、さっきの世界革命論の直前にあった国家論との関係においてつかんでおく必要がある。つまり、ナウカの二五頁、岩波版の四四頁以下に書かれている国家——だから、その上っ側に四四頁と書いておくといいな、岩波持っている人は——、そういう国家がどうやってつくられたのか、そしてこれは、「国家は支配階級に属する諸個人が、彼らの共同の利害を維持していくための形態だ」という規定をあたえていく。

その次の九五頁から九六頁にかけて、ナウカ六四から五頁にかけては、要するに「法」の問題、これ自体だけでは非常に難しいんだな。「私の法」、「法」の問題が書かれているけども、これはやっぱり四二年の『ヘーゲル国家哲学批判』との関係において理解してほしいと思う。

その先には「掠奪の」とか何とか、という問題がある。なぜこんな「掠奪」なんてでてくるかというと、当時は「掠奪によって歴史が発展する」なあんていう史観が一つあったわけだよな。このことは、『経済学批判・序説』の第一章「生産一般」だったかな、あれのどっかにも、掠奪によって歴史が発展するというふうに考えるのはナンセンスだ、というようなのがでてくる。

ところで、その次の「自然発生的および文明化された生産諸用具と財産諸形態」の最初のところは、これチンチンバラバラ、大混乱。これをだな、今ここでやる時間のいとまがない。大体、一頁ね、九九頁いっぱい全体。これはどこがどうおかしいかというのは宿題にしようや。ヒントをあたえると、分類の基準がでたらめだということだよ。或るときには生産手段の所有関係について言い、或るときは共同体にかんして言い、或るときは身分と階級について言い、或るときは商品生産と非商品生産との関係において言い、或るときは交換があるかないかについて分類し、こういうかたちでね、「野蛮と文明」というかたちでとらえるのはエンゲルスの得意なやり方だ。「野蛮と文明」というようにおかちめんこでやっちゃうとだな、「野蛮」のなかにな、どこまで入るかが問題になるんだよ。資本主義社会までが「野蛮」なのか、原始共産体までが「野蛮」なのか、奴隷制までが「野蛮」か、農奴制までが「野蛮」か、と。そういう「野蛮と文明」でやると史的唯物論でなくなっちゃう。だから、ここんところは全部バッテンなわけだよ。だけど、ここんとこ勉強するとね、自分がどれだけ史的唯物論が分かってないかということが分かるからな。それで、こりゃ宿題にする。

で、ちょっとんばかり、ノートがちょん切れている。当然のことだよ。これ以上先に展開できないように書いていているからな。そういうように書いちゃうと、編集者の悪口ということになるから書いてないわけだ。

それから、その先について重要なことは、岩波版一〇一頁、ナウカ六八頁だな、ここにおいては、再び私有財産の発展によって「資本と労働との対立」がうみだされていくプロセスが書かれているから、じっくり読む。それから岩波版一〇二頁の終りから三頁にかけて、ナウカが六九頁のど真ん中、ここのところは「諸個人と全体、社会」、「個人と全体」、「目的と手段」、「物質的生活が目的化される」、それじゃパーだ、と。労働が手段化される、というような階級社会における労働の問題。梅本さんがここのところで非常にゴシゴシ、ゴシゴシ今から十五年前にやった一つの重要な文章として利用されていたのはこれだ。これは、本当に理解するために、やはり疎外論、労働の疎外論との関係においてつかんでほしいと思うな。

そういう説明が終ったその次には、「私有財産のアウフヘーベン、生産諸力の総体をプロレタリアはパクらなければならない」ということがでてくる。岩波版一〇三頁の終りから四頁にかけて、ナウカ七〇頁の右から三行目あたりから以下は、「従来のすべての革命はこうだったけれども、プロレタリア革命の世界史的意義はこうだ」というかたちでな、上手にまとめられているから、そのとおりに読んでほしいと思うな。

革命というのは一体何なのかというかたちにして、「自己の、自分自身の労働というものと生活というものとが統一されなければならない」、それが革命なんだ、というかたちで「労働の自己活動への転化、自主的な労働への転化」というのが、岩波版一〇四頁の終りから五行目あたり、ナウカがその頁の左側の方だな。それが終ってからちょっとんばかりヘーゲルにおける「絶対者としての人間」の問題が書かれているけども、これは別に頭をひねる必要はない。

ポチポチ［＊＊＊］というやつがあって、そのあと、全部これ暗記してもいいようなことが書いてある。これ、柳田謙十郎のバカヤローが好きなとこだよな。一〇五頁の終りから「共産主義」の直前まで。ここに書かれていることは、「生産力が破壊力へ転化する」、そういうんじゃナンセンスだ、「根本的な革命がなされなきゃならない」。プロレタリアートとは一体何なのか。

それで、ここで注意すべきは、「労働の廃棄」と書いてあるけれど、これはaufheben《アウフヘーベン》ていう訳語だよ。だからな、労働しなくていい、というふうなことは何も言ってやしねえんでな（笑）、誤解なきように。そっちは何だっけ、古在訳は？

会場から　廃棄。

廃棄じゃないんだよ。労働を廃棄しちゃったらもうナンセンスで、疎外された労働を廃棄するならいいよ。だけど、これは原語はaufhebenなんだよ。だから、疎外された労働をアウフヘーベンしていく、というふうにとる。そして、「現代における革命は支配階級を打倒するだけじゃ駄目なんだ、てめえ自身を革命していかなきゃいけない」という言葉でちょん切れてるけども、このことは岩波版の一一一頁につながる、直接に、内容的にね。

岩波版の一一一頁、ナウカは七五頁、つまり新潮社版でいうと、さっき言ったろう、生産力と生産関係の弁証法な、その一頁全部とっちゃうわけだ。本質論が書いてあるわけだな。その後に「註」があるな。「註」の次、分かったか？　どこだか。内容的にはそれ以下につながんだよ。一一一頁の初っ端から、分かったな。だから、岩波版持っている人、ちょっと読んでやるといいんだよな。まあいいや。そこへ内容的に……［ここでテープが途切れている］

マルクス・エンゲルスの共産主義論

……このCの「共産主義――交通形態自体の生産」というところの一〇九頁だな、岩波版一〇九頁の二、三行いったところ、ナウカ七四頁のはじめは、生産力と社会形態との対応関係が書いてある。ところが、一一〇頁に入ると、その転換の論理、生産力の発展に見合ったところの生産関係の転換の論理が書かれている。「交通形態は桎梏となり、以前の」云々と。「桎梏となった以前の交通形態が、いっそう発展した生産諸力や諸個人の自己活動の進歩したしかたに相応する新たな交通形態によってとってかわられる」、そういう転換の論理が書いてある。こっちは転換、運動形態においてとらえられているけども、前の方のところは、生産力と交通形態とのスタティックな対応関係が書いてあるわけだな。これはさっきのナウカ版の三一頁だったかな、そう、ナウカ版三一頁、岩波版五二頁のところとの関係において、もう一度咀嚼《そしゃく》しなおしてほしい。

さて、その次の岩波版一一一頁以下においては、革命の、現代革命における、共産主義革命における人間の位置と役割の問題が書かれている。ここんところは、いわば革命における人間論の問題が展開されているわけだな。

まず、「国家というのは従来は見せかけの共同体であった、そういうものは粉砕しなけりゃいけない」ということが一一一頁のど真ん中あたりに書かれている。そして、一一二頁の終りから一一三頁にかけて、いっちょ重要なことが書かれているな。後進国革命の論理、後進国においても先進国の発展が決定的に作用をおよぼすということ、一一二頁から一一三頁、ナウカ七六頁の終り。そして岩波版の一一三頁の左から六行目あたりの行かえ、ナウカ七七頁の真ん中、「分業による諸々の人格的な力が物化される」「事物的な力」云々というけども、これは「物的な力」というふうにとった方がいいんで、これは人間物化のことだな、疎外。そういうことを、人格が問題ではなく人間は物として扱われる、そういう問題が書かれ、こういう事態を粉砕することが大切なんだ、と。

「国家というのは従来は共同体の代用物なんだったけども、本当の共同体をつくらなきゃいけないんだ」、「従来の共同体は幻想的なもんだ、支配階級が勝手につくりあげたもんだ」、ところが「将来は、共産主義というのはコンミューンの社会、つまり共同体的人間の社会をつくりだすんだ」ということが書かれている。そして、この共同体の内部構造は一体どうなのか、ということはその先の註があって、その次からもう一度、積極的に展開されかかるわけだ。つまり、岩波版の一一五頁の初っ端から、ナウカ七八頁の行かえのとこから六行目ぐらいね。このところは「物質的な生産諸条件を自己の統制のもと、つまりコントロールするんだ」、このコントロールする組織、ここで「共同体」というふうに書いてるやつが、今日の言葉で言うと「ソヴェート」ということだよな。「新たな個々人は個人としてこの共同体に参加する」、主体的に参加するわけだ。

ところが、その先にちょっと書いてあるけれども、「従来の個人というのは、そういう共同体的人間ではなかった。だから、一定の範囲内で妨げられることなく偶然性を受けとる権利、享受する権利を、従来は自由と呼んできたけども、こんな自由はナンセンスだ」と。非常に重要なことが書かれているな。岩波版一一五頁の終りから五行目ぐらいのところな。偶然性を享受する権利を従来は「自由」と呼んでいたけども、それは本当の自由じゃねえんだ、ということが書かれている。

岩波版一一七頁、一一七頁の真ん中あたり、ナウカ八〇頁の六行目ぐらい。ここでは、「階級と個人」、「個人と生活諸条件との関係」、自由の物的基礎にかかわることが、ちょっと重要なことが書かれているけども、この辺はずうっと重要だからね。がっちり読んでほしいと思うんだな。

そして、最後のところだな。スターリニストは「生産手段を国有化すれば社会主義革命だ」というふうにやっているけども、マルクスはそうは綴ってないやな。岩波版の一一九頁に入っていくと、「疎外された労働を廃棄しなければならない」、このことは「自分の人格、自己の人格を貫徹するために国家権力を打倒しなけりゃならない」、「自己解放のための一つの手段としてブルジョア国家権力はぶっ倒されなきゃならない」、そういう点で終ってしまってるわけだ。この国家権力をぶっ倒すという展望をマルクスはうちだしたけども、この先にブルジョア国家権力にたいしてプロレタリアの共同体、労働者の共同体をつくるという展望をあたえたけれども、それをどうやってつくっていくのかということにかんしては、はっきりしてはいない。

ようやく一八四八年の段階において、「コムニストよ団結せよ、万国の労働者団結せよ」というかたちで展開されていくわけなんだが、しかしなお、前衛党を創りだすという問題は、問題としては意識化されなかったわけだ。わずかに、諸処の、いろいろな国にいるところのコムニストの通信機関という意味における第一インターナショナルがつくられていく。この第一インターナショナルがパリ・コンミューンの闘いをつうじて、実際にパリ・コンミューンの闘いを通してマルクスは、将来社会というのは一体何なのかということを、パリ労働者の闘いをつうじてマルクスはつかみとっていく。その前に言っとくの忘れたけども、『共産党宣言』の段階においては「プロレタリアート独裁」という概念さえもないわけだな。『共産党宣言』においては、「支配階級として組織されたプロレタリアート」というプロレタリア独裁の本質規定、「支配階級として組織されたプロレタリアート」というかたちでやって、「プロレタリア独裁」という言葉ができるのは一八五〇年から五一年にかけてだ。

そういうふうに、現実の発展と理論の発展にみあったかたちでマルクスの革命論は深化されていくわけだが、組織問題としてはあまり展開されていかない。もっぱら、共産主義とは何か、それを実現するための資本主義社会の分析としての das《ダス》 Kapital《カピタール》 の分析にいく。このカピタールを分析するということは同時に、その価値論の把握をつうじて価値法則を廃棄した社会主義社会、共産主義社会の論理を『ゴータ綱領批判』においてマルクスは明らかにしていく。だから、社会主義社会論をうちだすためには価値論をはっきりつかみとっていなければならない。今日のソ連においてはちっともうまくいかないということは、マルクスの『資本論』がさっぱり分かってねえからなんだな。もう、メッチャクチャな価値論に羈束《きそく》するから今日のソ連の経済学は大混乱をおこしている。

　そういう段階でマルクスは死んでしまったんだけども、このマルクス主義を受け継いでロシアにおいてそれを物質化するために、組織的な闘い、『何をなすべきか？』というかたちに問題を提起しがめつく組織をつくっていったのが、ほかならぬレーニンであったわけだ。そして、このレーニンの組織論をつうじて前衛党組織論、これはローザ・ルクセンブルクのあの大衆運動論にたいする批判ならびにアナルコ・サンディカリストの自然発生性への拝跪への批判、これらをつうじて革命的なプロレタリア党の建設なしには現代の革命はなしえない、というかたちで提起したわけなんだ。もちろん、そのレーニンの展開のなかには前衛党というのが、ややもすると職革家集団、職業革命家の集団というかたちでとらえられているけれども、しかし、前衛とは職革をいうんじゃなく、ほかならぬプロレタリア前衛、プロレタリア、革命的プロレタリアのことを前衛というんだよ。この意味では、アナキストと僕たちと用語は同じだ。前衛とは革命的に自覚したプロレタリアのことをいう。その政治的結集体が前衛党であり、だから前衛党は労働者党ともいえるわけだ。それをコムニスト党というふうに言ってくわけだな。そして、この闘いをロシアにおいて実現し、それを拠点として、そのレーニニスト・パルターイをだな、西ヨーロッパに実現するためにコミンテルンが骨折ってやったわけだ。コミンテルンの課題というのは、ロシアにおけるレーニン主義の党の建設という経験にふまえながら、選挙党の組織形態をなしていた、居住細胞的になっていた社民党の第二インターの組織をぶっ壊し、工場の細胞、工場細胞を単位とした前衛党づくりのために、コミンテルンの初期はたたかわれたわけだ。

しかし、その点が十分うまくいかないで、例の「社会ファシズム論」による左翼的偏向、そして「人民戦線戦術」による右翼的な展開、こういうものを通してヨーロッパにおける共産主義運動というのはパーになっていった。とくにヒットラーとスターリンとの独ソ不可侵条約というようなところでもって、フランスを中心とした西ヨーロッパの各国共産党は完全に浮きあがって分解してしまったわけだな。まあ、戦後はレジスタンスをたたかったフランス共産党というのは、モーリス・トレーズだっけか？　そうだな。トレーズなんていうのは副総理みたいなかたちになったけども、ド・ゴールがまず命令を下して「レジスタンスを戦った諸君、戦争は終った、武器を捨てろ」とこういうふうに言ったらば、トレーズも「そうだ」というわけで武装解除しちゃったわけだよな、レジスタンス。武装解除した頃をみはからって、ド・ゴール、鼻をヒクヒクとさせてな、今度はトレーズをパーンと内閣からおん出していく。これを人民戦線戦術の破綻といわずして何といえよう、とこういうわけだ。

で、その後は、まあしょうがねえというんで、えっちらおっちら選挙党というやつで、選挙でなんか拡大していくというかたちで、まあ第一党になったんだけども、やっぱりぬるま湯につかっているとピンチになるよな。今度の選挙では第二党だか何だか、まだ大分強いらしいけどな。だんだんうまくないということが分かってくる。いままでの「平和」とか何とかというかたちで、こうやってたんじゃ、とてもじゃない。森茂の話だと、フランスのプロレタリアというのは意気消沈しちゃって全然活気がねえんだそうだな。てんでもう、バイタリティーがねえ、と。核実験にかんしてもデモひとつやらない、そういうような恰好になっている。イタリアでは、この前も話したけども、選挙の買収するために靴を半分やって、投票してくれたというと片っ方の靴をやる。（笑）そういうかたちの買収をスターリニスト党はやっているんだそうだ。ま、そういうことのしわ寄せがだな、ＥＥＣ［欧州経済共同体］の強大化にもかかわらず、資本がくっついてるにもかかわらず、ヨーロッパ各国のプロレタリアートが横へ団結することが何らなされていない。

こういう事態がうみだされているのはスターリニストがガンだからだよ。まさに、このガンを突破しようとしてだな、ガンニズムにならないように、つまり、谷川雁イズムな、あの極左主義、小ブルジョア急進主義にならないように、何とか反スタ運動をやろうという芽がえっちらおっちら出てきたけども、まだか弱い。しかし、歴史の必然的な発展というものはやっぱりあるもんで、ハンガリア革命以後五年たった今日、ハンガリアで革命をやった人たちで西ヨーロッパに亡命したのがいるんだけど、そういう人たちがようやっと今年になって、てめえたちのやったことがいかに偉大なことであったか、そして、いかにレーニン主義の党が必要であるかということをようやく気づきはじめて、反スタの運動を展開していこうというような構えをごく少数ながらもちはじめている。そして、西ヨーロッパには反スタの運動というものはまだできていないけれども、ようやく一九五七年ぐらいの「探究」派みたいな恰好で勉強をはじめ、何かやろうとしている。

ま、デモのやり方も知らねえから森茂がスネークダンスを教える、ジグザグ行進だな。（笑）実際に党学校に出席してな、森茂がジグザグダンスを指導した。きゃっきゃ、きゃっきゃ喜んじゃったそうだけどな。そういうこと、まず革命のやり方の輸出をやってるわけだよ。まず、技術的な輸出をやって、その次からデモのやり方からニュースタイルをうみだしてな、これはイギリスでも教えたらしい。梶村はインドネシアでやって拍手喝采だそうだけどな。「ジャパニーズ・スネークダンス、ハラショー」というわけだ、ははは。（笑）これはロシア語だよ、「ハラショー」というのはな。そんなことガチャコン、ガチャコンやって、あと足んないのは、やっぱり頭のなか、空っぽじゃまずいというんで、今後イデオロギー闘争をやっていかなきゃならないという段階だ。

だがしかし、やはり、こういう『ドイツ・イデオロギー』にたいするわれわれのつかみ方というようなものがないとだな、たとえわれわれの反スタ運動にかんする戦略戦術論が紹介されたとしても、主体化できるかどうかというのはクエスチョンなわけだな。だから、たんに、われわれの運動は戦略戦術論的な問題に限定されるわけじゃなく、全思想的な問題であるわけだ。哲学の分野から、政治の分野から、技術論の分野から、教育論の分野から、一切合財を新しくつくりだそうとしている。だから、非常に難しいわけだ、同時に。この闘いを全体として輸出していかないとだな、どうもうまくない。

しかし、一つのメルクマールとしてはだな、中心的な標《しるし》としてはだ、こういうわれわれの主体的な唯物論、この主体的唯物論、実践的唯物論、――主体的な立場というのは英語には訳せねえわけだよな。ドイツ語じゃ Subjektivität《ズブイェクティヴィテート》で、まあ「主観性」とも訳すけども、「主体性」

とも訳せるけども、英語じゃ、ねえんだよ。これを何と訳すかというんで問題になったけども、鶴見俊輔いわく、「インディペンデント・マルクシスト、独立マルクス主義というのとな、よく似ている」と（笑）、こうきやがったんだよな。俺、少しピンチだと思ってな。これはやっぱり、Subjektivität の日本語覚えろっというんで、「シュ－タイ－セイ」と教えたけどな。（笑）主体性とは何だ、と。そうすると、「頭の活動だ」、こう言うだろ。そうじゃねえ、ボディとな、頭脳と、両方の活動だ、と。頭にきちゃうわけだ。だから両方、精神的労働と肉体的労働と統一した、そういう霊魂一体の活動だ、とこういうわけだよな。

だから、そういう「主体性」という言葉ひとつ説明するのも非常に大変なわけだよ。労働と言うと、ピーンとこう、プラグマティックな行為、アクションな、あっちにもっていかれちゃう。そうじゃ駄目だ。この問題をどう解決していくかということは今後の問題だ。

大体、そういうような角度からだな、各支部ないしはサークル、学習会にもちかえって、今やったことを基準としながら、じっくりじっくり勉強していってほしいと思うんだな。

まあ、このぐらいで一応やめにしたい。

（一九六二年十一月二十五日）

現代における疎外とは何か

今年の春闘といわれているこの闘争が、何らの闘争をおこなわないという春闘である。こういう状態にまでなってきているというのは一体なぜなのか、ということは諸君自身が職場のなかで、体ではっきりとつかみとっておられることだからくり返す必要はないと思う。

今日の労働運動が名だけの労働運動になってしまった。これを、われわれは「労働運動の危機」というふうに二、三年前までは言ってきた。しかし、何らたたかわれないこの労働運動、労働運動の名に値しない労働運動、これを今日では「労働運動のブルジョア化」といわれている。なぜ一体、こういう状態になるのか。労働者階級の闘いが組織されない、たたかうべきところがたたかわれない。こういう状態はたんに既成の指導部が裏切っているとか、日和見主義であるとか、これは事実に違いないが、もっとより根本的なところに問題がある。そこから、われわれの出発点はなしとげられているわけだ。

この労働運動そのものについて詳しく展開するわけにはいかない。そういう今日の「労働運動のブルジョア化」といわれている、この危機というか、危機以上の危機の根底にある問題を思想問題としてわれわれはとらえていかなければならない。

労働者、自分の労働力を商品として売らなければならないこの賃労働者、こういう状態を廃棄しなければならない、賃労働の撤廃、ということはみんな分かっている。にもかかわらず、それがスローガンとしてすら提起されていない。一体、なぜなのか。『賃金闘争』という本がある。扉を返せば、マルクスの『賃金・価格および利潤』からの引用が書かれている。「賃労働の撤廃が絶対必要なんだ」ということが書かれている。だが、中身を読んでいけば、そういうことにたいする闘争の構え方を教えてくれる本ではないわけだ。こういうのを羊頭狗肉というわけだが、こういう状態になっていること、そういう理論的な堕落、そういうこととも密接に結びついている。

こういう労働運動の腐敗・堕落というものをどっから突破していったらいいのか。日共や社民がだす方針が日和見主義であり労働者階級を裏切るものである、ということが分かる。しかし、それにたいして戦闘的な方針をだせば、それで果たしてたたかえるのか。戦後十何年かの闘いの過去をふり返ってみても、決してそうではなかった。たえず日共の、あるいは社民の枠から超えでた方針、ストライキ戦術をぶちまく、年がら年中「ストライキ戦術でたたかえ」という方針をだしてきた人はいる。にもかかわらず、依然としてその日本労働運動の革命化への突破口はきりひらかれなかった。社民やスターリニストの日和見主義的方針にたいして左翼的な方針をだしさえすればいいということは、この歴史的過去からしても、すでに袋小路におちいらざるをえないことがはっきり分かる。一体、それならばどうしたらいいのか。

こういう根本的な問題を省察することなしに、さまざまな誹謗がこのマル青同［マルクス主義青年労働者同盟］の前身にたいして、前身というのはマル青同の前の母胎ということだな、それにたいして向けられてきたわけだ。労働組合は堕落した社民に握られ、そして下からはスターリニスト代々木［共産党］によってしめつけられてきた。左を向いても右を向いても、スターリニズムと社会民主主義によってがんじがらめにされている。しかし、この限界を突破しなければならない。その場合に、一体どうしたらいいのか。

或る一定の革命的な力がすでに形成されている場合には、それを基礎として決定的な闘いの方向へむけていくことができるだろう。だが、そういう発端となるべき政治的な力それ自体がない。これが、今日までのわれわれ日本労働運動の現状ではなかったか。ここからわれわれは出発しなければならなかった。革命的共産主義運動は外からもってこられたわけじゃない。スターリニズムと社会民主主義の枠内にがんじがらめにされている、その状況のなかからつくりだされなければならなかった。ここに、われわれの闘いの苦難な第一歩が踏みだされなければならなかったわけだ。

こういう、この根本的な問題に何ら反省をしない輩が、いわゆる左翼スターリニストとして方針をだしさえすれば何とかできる［と思っている］。もちろん、既成の社民およびスターリニストにたいしては方針を、革命的な方針を対置しなきゃならないんだけども、対置したところで、その方針を実現するべき労働者、革命的労働者が欠如している。スターリニズムおよび社会民主主義を明確に自覚した労働者がいない。こういうところにいくら括弧づきの「革命的」なビラが流されたってそれが実現しっこない。しかも、この革命的労働者の闘いというのは個々ばらばらにおこなわれたらなんら力とはなりえない。各単産でたたかってもそれが横へのつながりをもちえない場合には、たとえば大正行動隊*のあの闘いというものも孤立させられ、そして展望なきままにジリ貧の一途をたどらざるをえないだろう。あるいは或る工場のように、一定の自称「新左翼」、「新左翼」を自称してたたかっているけれども、それが全国の革命的労働者の闘いと結びつこうとする志向をなんらもってない。このようなチンチンパラパラな状態におけるわれわれの闘いというものは決定的に重要であるわけだ。

＊　大正炭鉱共産主義者同志会を中心とする、一九六〇年八月につくられた大正青年行動隊のこと。『日本の反スターリン主義運動　1』（こぶし書房）四八二頁参照。

ほかならぬ、こういうスターリニズムおよび社会民主主義というものに組織的にも、そして理論的にもがんじがらめになっているこの現状を突破する。それは、たんに闘いを左の方へ、あるいは戦闘的にたたかうことだけによって獲得されるわけではない。そういう戦闘的な闘いの裏側にも革命をめざした闘いがなければならないはずだ。そういう、単なるその時々の労働運動のいろいろな問題、賃闘、それから首切り反対、合理化反対、その他さまざまのそれぞれの時期における闘争を、ただたんにたたかうだけでなく――もちろん、この闘いすらも阻止され邪魔されているのが今日の現状であるけれども――、そういう闘いのなかで、かつ将来に実現すべき革命をめざした、そういうものを自覚した革命的労働者の組織づくりが絶対的に必要になるわけだ。

この意味で、われわれは、戦闘的労働者と革命的労働者とを区別する。この点はどの点が違うかというと、自分自身が何であるか、俺は労働者だということは分かっているが、一体労働者というのは何なのかということを明白にとらえかえし自覚した労働者、それを僕たちは自覚した労働者あるいは革命的労働者というわけだ。この革命的労働者というふうにみずからを位置づけえたとき、このときはすでに、自分は労働者である、労働力を資本家に売ってその日暮らしをやっておる、そういう労働者であるという現実からわれわれは脱けでることはできないけれども、しかしこの現実を突破していく決意と意志と闘いを確立していく、そういう状態をわれわれは革命的労働者と呼ぶわけだ。

これを、いわゆるはやりの言葉でいうと「疎外を自覚した労働者」ということになる。「疎外」という言葉は聞きなれない言葉であるけれども、これは一体どういうことなのか、ということをきょうは軸として話をすすめていきたいと思うけども、抽象的な問題というのはそれぞれ本を見てもらってそれぞれ主体化してほしいと思うので、大体においてこれはどういうのか、疎外というのはよく言われるけれども一体どういうことなのか、そういう思想的なまわりのことを中心に喋っていきたいと思う。

I　マルクスの疎外論

今日では、「疎外」という、「人間の疎外」という言葉は大分入ってきているわけだ。実際、「疎外」という字がつく本がよく売れるという話である。それほどまでに疎外という言葉が日常化しているけれども、日常化するにしたがって、この疎外というものも本質的なとらえ方からずれていく、社会学的にうすめられていく。この疎外という言葉は日本において十年前までは、使った人はつねにかならず「修正主義」というレッテルを貼られていたわけだな。しかし今日では、疎外という言葉をほとんど誰でも言う。マルクス主義者でない人も言う。単なる政治的無関心からの解放、政治的無関心ということも疎外という言葉であらわしている。あるいは、労働者が機械の歯車と同じように、一環として組みこまれている、そういう機械の部分品というものにまで労働者、人間がおとしめられている、この状態を称して疎外というふうに言う人もいる。これは『現代の精神的状況』〔河出書房、一九五五年〕を書いたヤスパースがそうである。しかし、このヤスパースというのはウェーバーを借用してきたわけだ。じゃあ、ウェーバーはどこからきたかというと『資本論』第一巻の「大工業」のあたりを剽窃してやってきたわけなんだが、二十世紀のそういうブルジョア哲学ないし社会学の系統で流行《はや》っている疎外というものから、われわれの言っている疎外というものの本質的な区別というものも決定的に重要になってくるわけだ。

もともと、この「疎外」という言葉・概念というのは、マルクスが発明したものでも何でもない。最もよく自分の思考の方法として使ったのは、いうまでもなく、ドイツ観念論の集約をなすヘーゲルであったわけだ。ヘーゲルにおける疎外という概念がどういうふうにとらえられてきたかというと、全世界の運動、ヘーゲルの場合には理念の運動としてとらえるわけなんだが、理念あるいは精神と理解している。そういう理念あるいは精神の運動のしかた、どう運動していくのかというその運動の構造を疎外としてしめしたわけだ。最も分かりやすい例でいうならば、世界の根源は神様であり絶対精神である、神様が一切のものを自分自身の、神様はお腹をもってないが、自分自身のもとにおいている、そういう自分自身が可能的にもっているものを現実的なものとして外へ出していく。こういう構造をヘーゲルは「疎外」と名づけたわけだな。そういう疎外されたものをまた自分自身の内にとり戻す、自分自身のなかに可能的にあったものを現実的なものたらしめると同時に、現実的なものを通してまた自分自身へ戻ってくる、こういう円環だな。これが連続的に無限に展開されていく結果として、人間の今日あたえられている世界史がうみだされるというふうに、大体考えていたわけだ。

これにたいして、こういう神様、絶対精神というものを軸としてそれの展開として理解するのは逆立ちしている、神様というのはそれ自体人間がつくりだしたものなんだ、人間が頭のなかで考えそれを外に出してキリストというものを設定するんだ、というふうに問題を逆さまにやったのが、いうまでもなくフォイエルバッハであった。フォイエルバッハというのは、マルクスが、若いときのマルクス・エンゲルスが熱狂した『キリスト教のごまかし』〔『キリスト教の本質』〕という本を書いたその哲学者であるけれども、神様が人間、現実をうみだしたんじゃなく人間が神様をうみだしたんだ、というふうに思考の軸を百八十度転回したわけだ。観念論、ヘーゲルの場合には神様が軸になっていたが、フォイエルバッハの唯物論の立場においては人間が軸になる。そして人間が頭のなかででっちあげた、といったらば今日の言葉だが、そういうでっちあげに等しいことをやって神様をつくったのが「人間だ」、人間が神様をでっちあげつくるんだ、そういうふうにフォイエルバッハはやった。これは、キリスト教的なヨーロッパのものの考え方からすると神様にケチをつけたということで、完全なる価値の転換でありひっくり返りである。だから、若いマルクス・エンゲルスはそれに熱中せざるをえなかったわけだ。

しかし、マルクス・エンゲルスの偉大さは、そういうフォイエルバッハのところにとどまっていたわけではないという点にある。じゃあ、一体なぜそういうふうに、人間は自分自身のほかに神様というものを設定するのか、そういう状態になぜなるのか。だから、そういう神様を人間とは別に設定しなければならない現実的な根拠は一体どこにあるのか、というふうに問題を社会的なものに結びつけて批判していくところに、マルクス・エンゲルスの唯物史観ができあがっていくわけだ。フォイエルバッハの場合には、人間が神様をつくったというふうなところまでしかいかなかったけれども、そういうふうに人間が自分自身を神様というものにまで疎外しなきゃならない根拠は一体どこにあるのか、というふうに問題を提起していく。そういう宗教というような幻想、そういうものがうまれてくる現実的な基盤、そういうものを暴きだしていくところにマルクス主義の世界観がうみだされてくるわけだ。

「唯物論というのは客観的実在を」云々、それを認める、「無条件的に認めるのが唯物論だ」というふうに仕込まれるわけだが、そういうふうなことは、それは確かにそうなんだが、観念論的なものの考え方をひっくり返してきたマルクスの思想的格闘の歩みを全部ひったくって、結果においてはそういいえるには違いないけども、そのひっくり返してきたプロセスを切り落してはならない。そこから、マルクスの史的唯物論あるいは唯物史観といわれている思想がでてくる。

しかし、人間の問題、人間の頭脳にかかわる問題を現実的な基礎にひき戻すだけで、果たしてそれですべての問題は解決されるだろうか。もしも、人間的な思考の問題、悩みとか苦しみと、そういう問題までも、そういう問題の物質的基礎はたしかに社会的な状態、現実的基礎、生産関係そのものにあるわけだ、これは事実だ、しかし、そういう点にだけ結びつけて果たしてすべての人間の人間的な問題が解決されうるかというとそうではない。ところが、現実的なものに結びつけさえするならばすべてが解決しうるんだというふうにいっちゃうのを、単なる唯物論、タダモノ論といわれるわけだな。唯物《ゆいぶつ》主義といってもいい。すべては物質の側からできてしまう。

しかし、人間はたしかに物質であるには違いない。そして、われわれの頭脳のなかにあるものはみんな物質、客観的なものからうみだされてくるわけだ。しかし、うみだされたものというものはそれ自体ひとり歩きするわけだ。いろいろ職場でたたかってきて、奴がどうのこうのしたということを自分ひとりで寝床のなかに入って想い浮かべる。奴はあの時こうしやがって裏切った、とひとりでこう怒る場合もあるだろう。ドタバタやって寝言をいう人もいるに違いない。そりゃあ、客観的な対象がなくても人間は考えるわけだな。そして自分の頭のなかで過去の闘いそのものを検討し、そしてそこで明日《みょうにち》の自分の立場を確立していくわけだ。こういう思考活動というのは独立しているわけだな。そういう問題をもとりあげなければならない。

その頭脳活動そのものが孤立化されるならば、また観念論へ舞い戻っていくであろう。つねにかならず、一面的にやりゃあ、誤謬に転化していく。観念論的なものの考え方というやつは、現実的なものから切断された場所で勝手に考える。ところがタダモノ主義という場合には、そういう頭のなかでうみだされるものは現実からうみだされてきたものだということからして、すべてを客観的なもの、物質的なものへ還元してとらえる。これが、物質的なものを一面的に強調するところのタダモノ主義、唯物《ゆいぶつ》主義である。これも一つの唯物論、本当の唯物論の駄目になった形というふうにいえる。

われわれは、そういう客観的なものによってのみわれわれの考えることはうみだされるんだということをとらえると同時にだな、頭のなかでつくりだされるものというのは相対的に独自に展開する、この両方の関係だな。これをはっきりつかまないと、すべてのものを観念論的にひっくり返したり、あるいはすべてのものを唯物論の大地の中にうずめこんでしまう唯物《ゆいぶつ》主義がでてくる。これは、この二つは、人間の思想における二つの疎外形態、駄目になった形であるということができる。

II　賃労働者の疎外

さて、マルクスはさっきも言ったように、ヘーゲルの伝統を受け継ぎそれを批判したフォイエルバッハの立場において、ヘーゲルのひっくり返しをやって自分の疎外論をつくっていくわけであるが、これは単なる理論的興味としてやられたわけではない。マルクスの場合には、疎外一般というものを論理学的にもっぱらやったわけではない。資本主義社会に生活している賃労働者、この賃労働者というのが、人間が自分自身を見失った存在である。この人間を見失っている人間としてのプロレタリア、賃労働者、この状態をどうとらえるかというところからマルクスの疎外論はでてくるわけだ。

「プロレタリア」という言葉もそんなに簡単にでてきたわけではない。プロレタリアというのはすでにギリシアの時代からいわれていたことなんだけども、それに、近代ブルジョア社会における賃労働者、自分の労働力を売って生活している労働者を賃労働者というんだが、この賃労働者をプロレタリア［という］。プロレタリアという意味は無産者ということだ。無産者ということは財産をもってないということ。財産をもってないということはどういうことかというと生産手段をもっていないということなんだが、そういう賃労働者というものの現実、この賃労働者の現実そのものは一体どうなのかというところからマルクスの思考は展開していくわけだ。

この賃労働者というのは、いうまでもなく、今日では「労働力を売って」云々ということなんだが、当時の場合には「労働力」という概念すらも確立されていなかったわけだな。少しばかり勉強した場合には、労働そのものと労働力とは違うということはもう大前提として、みんなの頭に入っていることだと思う。

労働力というのは、要するに、労働者がもっているところの精神的および物理的な力の全体をいうわけなんだが、この力を切り売りして、毎日八時間なら八時間働いて切り売りして、そのかわりに賃金をもらっているわけだ。全部労働力を資本家に売り渡してしまう、全部だな、そしたらこの場合には賃労働者とはいわない、奴隷というんだな。自分の労働力を全部雇い主に渡しちゃうということは、自分自身の人格を認められず一つの生産手段、物として、物と同様に扱われるから、この場合には奴隷だ。しかし、賃金奴隷といわれる場合にはそういう奴隷とは違う。奴隷は人格的な自由を認められていないわけだが、賃労働者は一人前の人格、「自由・平等」を認められているわけだ。喧嘩をして傷をつければ、それは傷をつけた者を罰するというふうに、ブルジョア社会の法はつくられている。にもかかわらずだ、そういう法律的には「自由・平等」であるけれども、しかし経済的には労働力を時間をかぎって切り売りする、こういうかたちをなしているのが賃労働者であるわけだ。

一方では人格的自由を認められながら、他方では労働力を資本家に売り渡さなければならない、商品として売り渡さなければならないというようなモノとして扱われているわけだな。これは資本家にとってもいいわけだ。或る一定の賃金を渡しておき、それで食えなくなったら、おりゃ知らん。それを、賃労働者それ自体の生活のすみずみまでも資本家はみなくてもいいわけだ。八時間俺の職場で働いてくれた時間は払う、後の十六時間というのはてめえの時間である、それは自分自身で勝手にやれ、というふうになってるわけだな。ところが、それを全部買って物としてしまうならば、病気にでもなった場合、その場合にも全部すべてを面倒みなきゃならないということになる。だから、支配するのにうまい具合になされているわけだ。

こういうのが賃労働者の現実の姿であるわけだが、このように一方では人間として、一応だな人間として認められながらも実際にはモノとして扱われている、商品として扱われている。そのへんの瀬戸物だとか机だとか何とかかと同じく商品として扱われている。こういう状態をプロレタリアが疎外されているというふうにいうわけだ。賃労働者の状態というのは人間疎外の一つの形、ブルジョア社会における一つの形であるわけだな。そういう、自分の労働力を商品として売らなければならないという状態を、マルクスはまずもって「疎外」という概念でとらえたわけだ。なぜなら、労働者は人間であるにもかかわらず人間ではない、物になっているということから、人間であるにもかかわらずモノとしてとり扱われている。逆だな、人間は本来的には物じゃないんだから、単なる物ではない、そういう状態をマルクスは疎外と呼んだわけだ。あるいは物になっている、労働力商品として扱われている、という意味において、「物、化ける」と書いた物化というふうにもマルクスはとらえているわけだ。

こういう物化、あるいは疎外されている、人間づらをしているにもかかわらず人間として扱われていないという状態、これだけをつかんだのでは、なぜそうなってくるのか、なぜそういう状態がでてくるのか、そしてこれから、この疎外、物化されている人間をどうしたらいいのか、という過去と未来が分からない。これは、哲学的な分析では決して導きだされえない問題であるわけだ。なぜそういう賃労働者があらわれたのかという歴史的な根拠、賃労働者がなぜあらわれてきたのか、そしてこの賃労働者は将来どうなっていくんだろうかという問題は、賃労働者のおかれている場所、つまり資本主義社会というものの具体的な分析にふまえなければ導きだされないわけだ。そこから経済学的分析というものが、当然、主要課題となってくるわけである。

賃労働者というのは、あるいはプロレタリアというのは、さっき言ったように無産者、財産をもっていない、生産手段をもっていない、というふうに言ったわけなんだが、しかし、なぜそうなったのか。人間が物をつくる場合には、自分、働く主体とそれが働きかける対象の両方がなければ物は生産できない。機械を通してしか物はつくれない。そういう機械とかそういう労働の対象的諸条件を一括して生産手段と呼ぶわけだが、そういう生産手段を本来もっているべきであるにもかかわらずプロレタリアはもっていない。もっていないのは一体なぜなのかというならば、これは収奪された以外にはない。賃労働者が発生するという歴史的な過程、プロセスそれ自体は同時に、生産者から生産手段が奪われる過程でもあったわけだな。

そもそも、生産者というやつは、物をつくるという人は、客体的諸条件としての生産手段と統一されていたわけだ。ところが、そういう統一がうち破られるということは、片っ方の極に生産手段だけをもっている、片っ方の極には生産手段を失って労働力しか売れないハダカの人間ができた、これが賃労働者であるが。そういう両極的な分解によって、これを根源的な蓄積過程というんだが、こういう根源的蓄積過程を通して初めて近代ブルジョア社会というのがあらわれた。生産手段をためた奴を資本家と呼ぶ。他方、そういうものを奪われてハダカになって最後の売るのは体だけ、労働力だけという賃労働者があらわれてくる。そういう歴史的な、賃労働者と資本家との歴史的な形成過程への反省がおこなわれる。と同時に、こういう対立というのはぶっ壊されなければならない、ということも当然でてくる。

俺が雇われて工場へ行って、資本家の所有物であるところの工場の機械に働きかける、そしてつくられた物は自分自身の所有物にはならないで、帰って来る。これが賃労働者の現実であるけれども、俺が働く対象それ自身も俺の物にしろ、俺のだ、という意識ということは簡単には起こってこやしない。最初は「こういう機械が悪いんだ」ということで機械をぶち壊し、「機械がなけりゃいいんだ」というわけで機械をぶち壊す。しかし、機械をぶち壊したら翌日からてめえが食うことができない。それじゃまずい、「機械が悪いんじゃないんだ、機械の後ろ側にいる資本家というのが悪いんだ」と。そこまで自覚するためにも、やはり半世紀はかかっているわけだ。

資本家というのを機械の代弁者、これを人格化とも呼ぶが、そういう代弁者、人格化としてとらえるまでには、相当の階級闘争の、自然発生的な闘い、階級闘争を経なければならなかったわけだが、とにかく、そういう自分に敵対するもの、自分から疎外されているもの、そういう生産手段を自分自身のもとにとり戻す。これは資本家の収奪ということになるが、そういう向こう側にあるものを収奪してくることとなしには自分自身の解放はなしとげられないという意識、これがプロレタリア的意識、革命的な意識なんだが、そういうところへまで意識を高めるための思想としてうみだされたのがマルクス主義であったわけだ。

こういう根本的なところをぬかして、賃労働者は賃金労働者の段階から賃金制度を撤廃すればいいんだというふうにいうことそれ自体が間違っているわけじゃないけれども、それの裏側にあるところの思想的な意味、賃労働者というのは人間でありながら人間として扱われていないこの状態、これを変革するために、こういう人間が自分自身を見失っている状態、自己喪失、自己疎外ともいうが、こういう状態を変革して人間の人間らしい生活、これをとり戻す。これがプロレタリア・ヒューマニズムなんだが、その実現というのが賃労働制の撤廃の裏側にあるプロレタリアの理想であり、理念でなければならないわけだ。

そういう問題、或る人はそんなものいらないんじゃないかというかも知れない。しかし、或る一定の闘争を果敢にたたかって挫折したとき、一体俺は何のためにたたかったのか、そういう問題がつねにかならず自分自身にはね返ってくるに違いない。学生の場合なら、そこでいわゆるダウンをすればいいかも知れない。引っこめばいいかも知れない。しかし、諸君の場合にはそれはできないわけだ。その決定的な死線に立たされている。そのときに自分自身の問題というものをどう解決するか、というところにすべての問題はかかっていくわけだ。その場合に創価学会にいく人もいるだろう。あるいは、「社民の方がやっぱり正しかった」というふうに言う人もいるだろう。しかし、「俺はこれでやるんだ」というふうなものがでてくるバネは一体どこなのか。その裏側にはやはり、人間、プロレタリアというのは一体何なのか、というものにたいする深い主体的な捉え返しがなければならないわけだ。

その意味で、われわれは、若きマルクスがみずからの思想のバネとしたところのあの「疎外された労働」論、そういうものをもう一度ほりおこすという立場をとるわけだが、これにたいしてさまざまな誹謗は投げかけられている。「疎外論をやって、疎外論だけですべてを解釈しようとしている輩」だとか、あるいは「哲学によって党をつくる奴ら」とか、そういうさまざまな誹謗が投げかけられている。もちろんこれはだ、日共や社民のいわゆる方針にたいして左翼的な、あるいは革命的な方針を対置すればいいというふうに現象的にしか物事をとらえられない人々が、われわれにたいして向けている非難であるけれども、こういう非難というのは、ほかならぬ彼ら自身の目が内側に全然向いていない、ということの証拠でもあるわけだ。

なぜ疎外論というものが問題になるかということは、たたかうプロレタリアの自分自身の問題であるわけだな。しかし、この自分自身の問題であるということを忘れて、疎外論、マルクスの疎外論にとっくんだ場合には、これはまた純然たる解釈論に転落していく。これが決定的な分かれ目だ。

たしかに、マルクスがどういうふうに「疎外された労働」論をやり、そしてそれが『資本論』という経済学の著作のなかに、何と言ったらいいかな、「克服」でもない、「アウフヘーベン」と言うんだが、疎外論の哲学的な限界を切り捨てて、その核心を経済学という科学、たんに科学ではないけども、科学的なものへ脱皮させていった、というふうに直線的にわれわれは決して理解することはできない。若きマルクスがやったのは「科学的に徹底していない哲学的なものにすぎない」というふうに言ってしまうならば、これでは何のためにマルクスが疎外論を展開し、そしてそれが『資本論』のなかにアウフヘーベンされていったかという、その全構造を自分自身のものとしてとらえることはできないわけだ。そういうふうにとらえる人は言う、「『資本論』というもののなかにマルクスのすべての学問的な苦闘が結晶化された」と。結晶化されたからと言って、「やはりマルクスの疎外論もまた必要なんだ」というぐらいのことにしかとらえられない。そういう、『資本論』の裏側にあるマルクスの哲学的なというか、この頭脳活動だな、そういうものをはっきりつかんでいなければ、労働力とその対象化、出す、発現する、その発現の問題ですら十分に理解することはできないし、『資本論』の構造それ自体も理解はできないはずだ。

いや、そればかりではない。一切のマルクスの理論の裏側には、たとえ「疎外」という言葉が使われていなかったにしても、そういうものの考え方、疎外ということにかんする思考が、論理としても、また人間論としてもつらぬかれている。そのことをぬかしてしまうならば、たとえば国家論にかんしてもたちまちのうちにパンクしてしまう。

Ⅲ　国家の本質把握をめぐって

これから一時期のあいだ、われわれにたいして、われわれの国家論がナンセンスであるとかパーであるとかということが、左の耳から右の耳から入ってくるであろう。それはどういうことかというならば、国家の本質は、国家はたしかに暴力機構であるというふうにわれわれはとらえている、レーニン同様にとらえる。しかし、この暴力がでてくる根源は一体何なのかということからして、われわれは若きマルクス・エンゲルスが書いた『ドイツ・イデオロギー』にかえって、国家の本質として「幻想的な共同性」というものをわれわれは知った。あるいは「共同性の幻想的なかたち」というのが国家の本質であるということをわれわれはつかみとり、まさにこのゆえに暴力的なものとして現象してくるんだ、というふうにわれわれはとらえかえしてきたわけだな。

ところが、さっき言った自己疎外論のひん曲げられたかたちの理論が一部で流行しはじめた。

すべてのものを「観念的自己疎外」で片づけた。そういうものにたいする批判として、今度は逆に、いや、「観念的自己疎外」、こりゃ間違っているわけだが、「国家は「観念的自己疎外」としてとらえるのは間違っている」と、これは正しい。そこから横すべりしてしまって、「国家というのは暴力である、暴力機構である」、そういうレーニンの実体論的な把握の段階にひき戻すのがあらわれたわけだ。これは、国家がどうやってつくられるのか、どうやって支配階級が国家というものをつくるのかというプロセスを論理的につかむことを忘れさる。そして、できあがった結果としての国家というものを現象的にとらえた必然的な帰結にすぎないわけだ。だから、国家というものを「幻想」との関係でとらえ、「国家というのは幻想ではない」というふうに言うのは当り前だ。しかし、マルクス、あるいはわれわれがマルクスから受け継いでやっている国家論というものは、たんに「幻想だ」云々と言っているのではない。

人間のあるべき姿としての共同体、歴史的な形態としては原始共産体にあたるわけだが、この歴史的な共同体の内部に分解が起こる。この共同体の内部分解、ここからして、この分解された「共同体」、すでに共同体とはいえないんだが、こういう分解されてしまった社会が、しかし、ひとつの一定の社会としてなりたっていくためには、やはり「共同性」というものを設定しなければ社会としてなりたたない。そこから「力ある者」――これは最初はそういう現象的

な言葉で言うけれども、支配階級となる者だな——、そういう者がだな、自分自身の利害をあたかも社会一般に妥当するかのごとくに押しつける。これをマルクスは称して括弧づきの「一般的利害」と言ったわけだな。

この括弧づきの「一般的利害」、被支配階級にとっては被支配階級の利害ではないところのもの、だからこれは「幻想的な共同的利害」とも言い換えられるわけだが、こういう一定の支配階級の利害であるにもかかわらず、そういう特殊なものであるにもかかわらず、被支配階級にもあてはまるかのごとくにみせかける、それが幻想的なイデオロギーとして発生するわけだ。最初は道徳や社会規範のかたちで、そういう支配階級の道徳が被支配階級に押しつけられる。しかし、そういう社会的な規範とか基準、習慣というだけではおさまりがつかないわけだ。暴れる、これを弾圧する必要が当然でてくる。そこで、その幻想的な利害、イデオロギーの物質的な形態として国家というものがかたちづくられるわけだ。ここからしてマルクスは、国家というのは「共同性の幻想的な形態」、そういうふうにやったわけだな。これは、国家成立のイデオロギー的根拠、道徳的根拠を明らかにしたものであって、今日でも依然として正しいわけだ。

そして、われわれは、こういうイデオロギー的根拠からだけ基礎づけているわけではない。

階級分裂の根底には生産過程における分裂がある。生産過程における分裂に基礎づいて必然的にそういう国家というものの形成にまでゆきつかざるをえない、ということはわれわれ自身が論理的に展開していることであって、『社会観の探求』の一一三あたりから六あたりまでもう一度読み返してほしい。このマドの一一三というのは、もちろん、Ⅰ章からⅣ章、Ⅱ章からⅢ章までの過程をふんで、生産過程の必然的な昇華物としてとらえられているわけだ。にもかかわらず、トリアッチ主義者の右の方にいる連中が変な自己疎外論をやったことからして、それへの批判が必然的にわれわれの理論と、トリアッチ主義者の変な自己疎外論とわれわれの国家論とが二重うつしにされ、そして「国家を『ドイツ・イデオロギー』的に把握するのはナンセンスだ」という批判がわれわれの前にあしたからでもとびでてくるであろう。しかし、それは、われわれは依然として従来の立場をとってもいい。とってもいいじゃない、とらなきゃならない。

しかし、なぜ一体こういう国家論がでてきたのか、というふうにさらにもう一歩つっこんで考えるならば、自己疎外論の理解のしかたがナンセンスであったということとも関連してくるわけだ。どういうことかというならば、さっき力説しておいたように、マルクスが遺したいろいろな著作をわれわれ自身の問題から切り離して解釈の対象とする。たとえば『経済学＝哲学草稿』という「疎外された労働」論を解釈した場合に、これはそれ以前の『ヘーゲル法哲学批判序説』からこういう点で前進し、そしてここではまだ労働論は確立されていない、『資本論』の段階において労働論は初めて確立されるんだ、つまり、こういう点で前進し、こういう点には限界があるということをたんに客体的に説明するにすぎない、こういう理解のしかた。これはまったく無意味であるとは決していわない。そういう解釈の裏側にわれわれがつねにおいておかなければならない問題、それは現在のプロレタリアとしてのわれわれがどうするのか、こういう切実な現実的な問題――これを、いわゆる場所的な問題というんだが――、現在われわれが直面している問題から切り離された場所で、そういうマルクスの過去の文献が解釈されるからして、結果的な解釈であるということからして、国家論の理解においても結果的な解釈が必然的に導きだされてくるわけだ。

かつては、自分自身の問題、観念論から唯物論への移り目の問題において決定的に重要な問題を提起し、われわれにすすむべき方向を示唆してくれたその人が、今日ではわれわれにたいしてそういう誤謬というべき理論とわれわれとを二重うつしにしてわれわれに食ってかかる。食ってかかったわけじゃない、よそから揶揄的な批判をおこなう。* そして、このマルクスのとらえ方という問題も、かつての自分自身がもっていたところの問題からかけ離れた問題、対象的な場面に問題を全部ずらしていく。さっき観念的な自己疎外の問題を唯物論的に批判し、その現実的な基礎、生産関係から暴かなければならないということを言ったけれども、しかし、そこにとどまっていると今度は唯物《ゆいぶつ》主義になるということも同時に指摘したはずだ。

＊　梅本克己『人間論』（三一書房、一九六二年一月）第Ⅱ部。「津田・梅本国家論の謬点」『スターリン批判以後　上』（こぶし書房）所収を参照。

これと同様にだ、観念論的な自分自身の立場から訣別し、そのためには現実的な基盤にまで戻っていかなければならないということからしてだな、人間の自己分割の問題そのものを追求することをも忘れて、労働の対象的な場面にすべての一切の問題を解消していく。労働する過程で疎外される、自分自身が労働しながらも、しているんだが、しかしそれはいやいやながらの労働であり、そういう労働をしても、しかしそのつくられた生産物は自分自身の内に戻ってこない——こういうのが疎外された労働の分析であるわけだが——、そういう客観的な対象的な現実における疎外というものは、同時に自分自身の頭のなかにおける疎外として再生産されるわけだ。つまり、自分自身というものが、職場にいる俺と家《うち》に帰ってきて子供をあやしている俺とが分裂している。こういう問題にまできりこむことを忘れているということと決して無関係ではないわけだ。

だから、マルクスが、私人（私の人）つまり家庭にいる自分だが、そういう自分と職場でいる自分との分裂、職場にいる自分というのを社会的な地位と意義をもっている公《おおやけ》の人というのだが、こういう「私人と公人との分裂」というふうに一八四三年にとらえたマルクスは、一八六五年あたりにおけるマルクスにおいても再びとりあげられているわけだ。いうまでもなく、商品の価値形態と使用価値形態の問題として再びその問題は首をだしていく。使用価値形態としての人間というのは、フンドシ一丁の人間、「私」の人間だな。価値形態としての人間というのは、社会的な意義と価値を担っている人間のことだ。たとえば、池田君は家へ帰ればフンドシ一丁だろうが、しかし、内閣総理大臣としてはそれとは別の意義と価値を担ってわれわれの前にとびでてくるわけだ。そういう分裂の問題として『資本論』のなかでさえも展開されている。こういう連関を一切捨象するというか、そういうことが今日の段階においては忘れてしまう。そこから国家論における誤謬もまた再生産されてくる。

こういう理論にたいしては、われわれは、そういう理論をうみだした当時の意義というものを全面的に受けとろう。しかし、今日の段階において、われわれに敵対するようなかたちででてきた理論にたいしては、われわれは断固粉砕する立場でたたかうであろう。

われわれのやろうとしていることは、理論的にも思想的にもまったく四面楚歌である。それは、諸君が実践的にたたかっている闘いがまったく孤立的、いや孤立ではなくますます拡大の過程にあるといってもいいが、しかし日本労働運動の全体からするならば孤立的な闘いである。それと同様に理論の場面においても、われわれはまったくの孤立である。しかし、こういう混乱した状況を、われわれはわれわれの力でしか突破できないわけだ。そして、マルクスの疎外論というのは、そういうわれわれの闘いの背骨として適用し考えていかなければ、つねにかならず変な方にひん曲がっていく。そのことを、われわれはもう一度反省してつかみなおしておく必要がある。

最後に、われわれのこういう立場にたいして「天上から地上へ降りてくるヘーゲル主義である」とか、いろいろ、社青同系だな、そういう非難がわれわれに浴びせかけられる。もちろん、われわれの出発点はイデオロギー闘争にあった。スターリニズムというものについてわれわれは自覚しえなかった。これは、スターリン批判というものやハンガリア事件という現実の契機を経なければ、スターリニズムがおかしいということは分からなかったわけだ。しかし、そういうハンガリアの事件というような問題があったにしても、ほとんどすべての者は分からなかったし、あれからもう五、六年たった今日、スターリニズムはおかしいというのはかなり普遍化してきたけれども、そういうスターリニズムはおかしいということを直観し、それから脱却するためには、どうしても理論闘争、これを「天上のなかでの争い」とかいうんだが、そういう理論闘争をおこなわないかぎりわれわれは前進しえない。

或るものから他のものへ、あるいはスターリンからトロツキーへとびうつる、というようなことをわれわれはできない。やはり、われわれがそれを自分自身の背骨として生きてきたところのスターリニズム、そういうものとの決定的な対決、この対決を通すことなしには前進しえないわけだ。対決が観念的、頭のなかで、あるいは理論的におこなわれるかぎり、それは「天上のなかでの論争」といえないことはない。しかし、そういうのは、現実の問題の頭における再生産であって、決して単なる「天上での闘い」ではない。

今日、スターリニズムはおかしいということが普遍化してくると、スターリニズムとは一体どういうものなのかということをつかむことをやらないで、「スタはおかしい」「社民はおかしい」というふうにずらしていくけれども、やはり、スターリニズムを克服しスターリニスト党を打倒するためには、われわれは、やはり、スターリニズムとは一体何なのかということをもう一度自分自身で検討しなおす必要がある。そういう対決を通さなければ、失敗を演ずるであろう。いろいろの問題がでてくるたんびに左をみ、右をみて、人の意見を聞かなければならないような状態になる。これでは、プロレタリア的な主体性を何らもっていないわけだ。

そういう意味で、たんにマルクスの疎外論を疎外論として理解するだけでなく、さらにすすんで、そういうスターリニズムというものに組織的にもイデオロギー的にもがんじがらめにされている自分自身の問題から、マルクス疎外論もとらえかえしてほしいと思う。疎外論の理解は単なる理論的な問題ではない。てめえの問題を解決するためのひとつの媒介契機だということを忘れないでやってほしいと思う。

大体、まとまりがないけども、十分に中心点にいけないけども、どうやったらいいかという点で、これで終りにしたいと思います。(拍手)

(一九六二年二月二日)

マルクス主義入門　全五巻

第一巻　哲学入門　**既刊**

哲学入門

マルクス主義をいかに学ぶべきか

第二巻　史的唯物論入門　**第二回配本**

史的唯物論入門

『ドイツ・イデオロギー』入門

現代における疎外とは何か

第三巻　経済学入門　**次回配本予定**

経済学入門――『直接的生産過程の諸結果』

経済学入門

『資本論以後百年』をどう読むか

エンゲルス経済学の問題点

第四巻　革命論入門

革命論入門

一九〇五年革命段階におけるレーニンとトロツキー

全学連新入生歓迎集会メッセージ

第五巻　反労働者的イデオロギー批判

反労働者的イデオロギー批判

小ブルジョア・ラディカリズム批判

現段階における党派的イデオロギー闘争の核心は何か

沖縄の仲間たちへ

黒田寛一（くろだ かんいち）
1927年10月20日　埼玉県秩父町に生まれる。東京高等学校理科乙類中退。『ヘーゲルとマルクス』（1952年、理論社）を処女出版。1956年のハンガリー労働者蜂起・ソ連軍の弾圧事件と対決し、反スターリン主義運動を創造、1996年まで日本革命的共産主義者同盟全国委員会議長。2006年6月26日逝去。
『実践と場所』全三巻、増補新版『社会の弁証法』、『日本の反スターリン主義運動』全二巻、『変革の哲学』、『マルクス主義の形成の論理』（以上、こぶし書房）、『マルクス ルネッサンス』、『疎外論と唯物史観』（以上、あかね図書販売）など著書多数。

マルクス主義入門　第二巻
史的唯物論入門

2018年9月21日　初版第1刷発行

講述者　黒田寛一
編　者　黒田寛一著作編集委員会
発行所　有限会社　ＫＫ書房

〒162-0041
東京都新宿区早稲田鶴巻町525-5-101
振替　00180-7-146431
電話　03-5292-1210
FAX　03-5292-1218
URL　http://www.kk-shobo.co.jp/

定価はカバーに表示してあります。

ISBN978-4-89989-107-9